The everyday world at your fingertips

PICTURE DICTIONARY
ARABIC

www.berlitzpublishing.com

Distribution

UK, Ireland and Europe:
Apa Publications (UK) Ltd;
sales@insightguides.com

United States and Canada:
Ingram Publisher Services;
ips@ ingramcontent.com

Australia and New Zealand:
Woodslane; info@ woodslane.com.au

Southeast Asia:
Apa Publications (SN) Pte;
singaporeoffice@insightguides.com

Worldwide: Apa Publications (UK) Ltd;
sales@insightguides.com

Special Sales, Content Licensing and CoPublishing

Insight Guides can be purchased in bulk quantities at discounted prices. We can create special editions, personalised jackets and corporate imprints tailored to your needs. sales@insightguides.com; www.insightguides.biz

First Edition 2019

Printed in China by CTPS

Contact us

Every effort has been made to provide accurate information in this publication, but changes are inevitable. The publisher cannot be responsible for any resulting loss, inconvenience or injury. We would appreciate it if readers would call our attention to any errors or outdated information. We also welcome your suggestions; please contact us at: berlitz@apaguide.co.uk

Series Editor: Carine Tracanelli
Editor: Urszula Krajewska
Head of Production: Rebeka Davies

Series design: Krzysztof Kop
Picture research & DTP design: bookidea
English text: Carine Tracanelli & Barbara Marchwica
Translation & simplified phonetics: Aligua
Photo credits: all Shutterstock and Fotolia

Introduction

Whether you are a total beginner or already have a sound knowledge of your chosen language, this Berlitz picture dictionary will help you to communicate quickly and easily. Packed with 2,000 useful terms, it covers all everyday situations, whether you're applying for a job, going shopping or just getting around. See, understand, memorise: visual learning by combining a word with an image helps you remember it more effectively as images affect us more than text alone.

To get the most out of your picture dictionary you can search for words in two ways: by theme (women's clothes, sporting facilities, hobbies, etc.) or by consulting the index at the end. You'll also find important phrases surrounding a topic in each chapter, ensuring that you have the foundations you need for communicating.

Each word is followed by its phonetic transcription to make sure you pronounce each word or sentence correctly. You will find a helpful guide to pronunciation in your chosen language on pages 7–10.

Note that the terms in this picture dictionary are always given in their singular form unless they are generally only used in their plural form. Certain terms are not gender-neutral and in such cases all genders are provided throughout in both the translation and phonetic transcription, ensuring you can communicate in all variants.

Berlitz are renowned for the quality and expertise of their language products. Discover the full range at www.berlitzpublishing.com.

Table of Contents

Pronunciation

This section is designed to make you familiar with the sounds of Arabic, using a simplified phonetic transcription. In the table below, you will find a pronunciation guide of the Arabic letters and sounds with their "imitated" equivalent sounds.

Some Arabic sounds do not exist in most European languages. Examples are emphatic T and S. Emphatic consonants are pronounced with the back of the tongue approaching the pharynx. The Arabic /r/ is different from English: it is a flap /r/ in which the tip of the tongue repeatedly and quickly taps the alveolar ridge. Also, Arabic /k/ and /t/ are not aspirated, and Arabic does not have /p/.

Unlike most European languages, Arabic is a syllable-timed language. A syllable-timed language is a language in which each syllable is pronounced at regular intervals.

Another feature of the Arabic language is gemination. Gemination is the lengthening of a consonant. In the pronunciation dictionary, gemination is marked as a double letter. For example, /assalaamu/ includes a geminated /s/.

Note that Arabic is a right-to-left language. In addition, some Arabic letters slightly change depending on whether they are at the beginning, in the middle or at the end of a word.

Consonants

Letter	Approximate Pronunciation	Symbol	Example	Pronunciation
ا	ʻ	ʻ	أمل	ʻamal
ب	**b** as in *book*	b	باب	baab
ت	**t** as in *tea*	t	تاج	taaj
ث	**th** as in *thin*	th	ثوب	thawb
ج	**j** as in *regime*	j	جمل	jamal
ح	**H** strong, breathy h from the back of throat	H̲	حب	H̲ub
خ	**KH** from back of throat	KH	خس	HKas
د	**d** as in *dot*	d	دب	dub
ذ	**TH** as in *the*	TH	ذيل	THayl
ر	**r** as in *run*, but it is a flap /r/	r	رمز	ramz
ز	**z** as in *zoo*	z	زائر	zaaʻir
س	**s** as in *sun*	s	سر	sir
ش	**sh** as in *ship*	sh	شاب	shaab
ص	**S̲** strong emphatic s	S̲	صبر	S̲abr
ض	**D̲** strong emphatic d	D̲	ضعف	D̲aʻf

Consonants Cont.

Letter	Approximate Pronunciation	Symbol	Example	Pronunciation
ط	**T** strong emphatic t	T	طبق	Tabaq
ظ	**TH** strong emphatic TH	TH	ظفر	THufr
ع	**'** almost a glottal stop, e.g. the a in a strongly pronounced *apple*, but with constriction at back of throat; shows a sharp start to a word or syllable	'	عمل	'amal
غ	**GH** a softer form of kh, as in *loch*, as if gently gargling at back of throat	GH	غيث	GHayth
ف	**f** as in *fat*	f	فن	fan
ق	**q** from back of throat	q	قول	qawl
ك	**k** as in *kit*	k	كلب	kalb
ل	**l** as in *let*	l	ليث	layth
م	**m** as in *man*	m	مجد	majd
ن	**n** as in *noon*	n	نهر	nahr
ه	**h** as in *horse*	h	هرم	haram
و	**w** as in *way*	w	وعل	wa'l
ي	**y** as in *yet*	y	يد	yad

Short Vowels

Diacritical Mark	Approximate Pronunciation	Shape	Example	Pronunciation
A small line over the letter	**a** as in *bad*	ـَـ	سَد	sad
A small line under the letter	**i** as in *pin*	ـِـ	سِر	sir
A small (و) over the letter	**u** as in *foot*	ـُـ	سُم	sum

Long Vowels

Diacritical Mark	Approximate Pronunciation	Shape	Example	Pronunciation
ا	**aa** as in *car*	**aa**	باب	baab
ي	**ii** as in *see*	**ii**	كبير	kabiir
و	**uu** as in *root*	**uu**	سوق	suuq

Special Features of Arabic

Feature	Approximate Pronunciation	Symbol	Example	Pronunciation
Gemination	Lengthened consonant	Double **as** in **ss**, **bb** etc.	السوق	'assuuq

GENERAL VOCABULARY

first name
الاسم الاول
al-esm al-awal

date of birth
تاريخ الميلاد
tareekh al-melad

place of birth
مكان الولادة
makan al-welada

email address
عنوان البريد الإلكتروني
'onwan al-bareed al-electrony

phone number
رقم الهاتف
rakam al-hatef

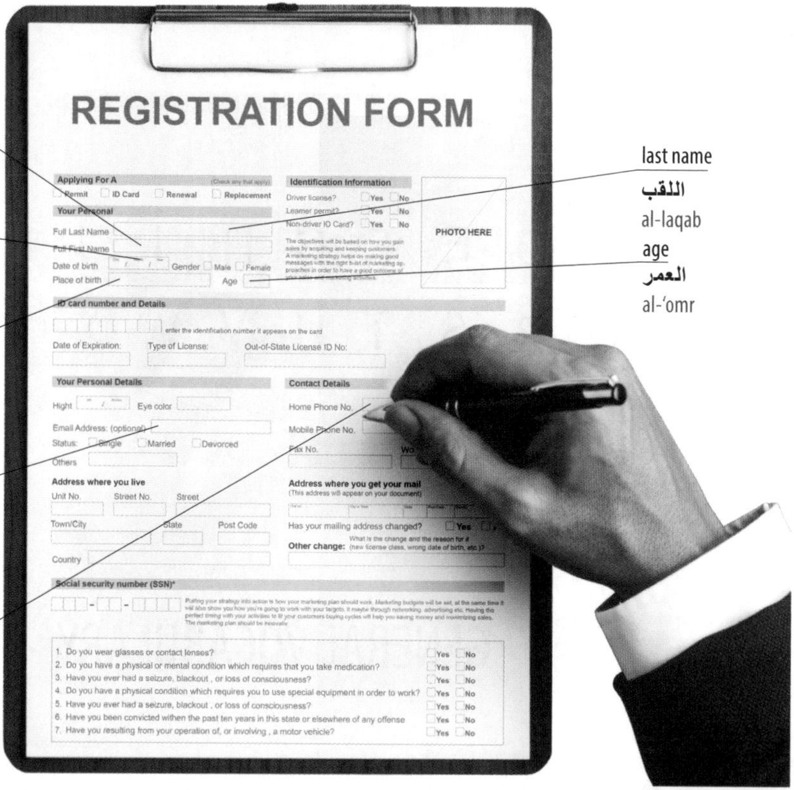

last name
اللقب
al-laqab

age
العمر
al-'omr

address	العنوان	al-'onwan
marital status	الحالة الاجتماعية	al-hala al-egtema'eyah
children	الأطفال	al-atfal
home country	البلد الأم	al-balad al-om
place of residence	محل الإقامة	maHal al-ekamah
single	أعزب	a'zab
in a relationship	مرتبط	mortabeT
divorced	مطلق	muTalak
married	متزوج	mutazawej
widowed	أرمل	armal
What's your name?	ما اسمك؟	ma ismak?
Where are you from?	من أي بلد أنت؟	Min ayi baladin anta\anti?
Where were you born?	أين ولدت؟	Ayn woledt?
When were you born?	متى ولدت؟	mata woledt?
What is your address?	ما هو عنوانك؟	ma hwa 'enwanak?
What's your phone number?	ما هو رقم هاتفك؟	ma hwa rakm hatefak?
Are you married?	هل انت متزوج؟	hal anta motazawej?
Do you have children?	هل لديك أطفال؟	hal ladaek atfal?

username
اسم المستخدم
ism al-mostakhdem

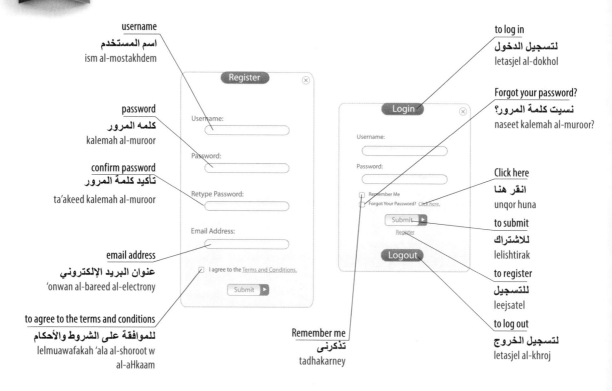

password
كلمه المرور
kalemah al-muroor

confirm password
تأكيد كلمة المرور
ta'akeed kalemah al-muroor

email address
عنوان البريد الإلكتروني
'onwan al-bareed al-electrony

to agree to the terms and conditions
للموافقة على الشروط والأحكام
lelmuawafakah 'ala al-shoroot w al-aHkaam

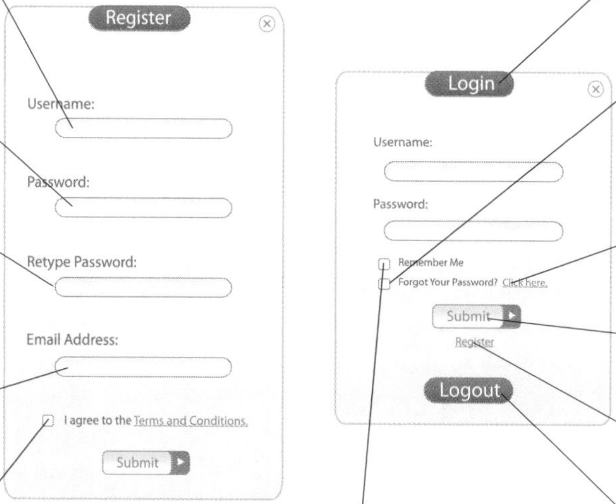

Remember me
تذكرنى
tadhakarney

to log in
لتسجيل الدخول
letasjel al-dokhol

Forgot your password?
نسيت كلمة المرور؟
naseet kalemah al-muroor?

Click here
انقر هنا
unqor huna

to submit
للاشتراك
lelishtirak

to register
للتسجيل
leejsatel

to log out
لتسجيل الخروج
letasjel al-khroj

0 1 2 3 4 5 6 7 8 9

0	zero	صفر	Sefr
1	one	واحد	waHed
2	two	اثنان	ithnan
3	three	ثلاثة	thalathah
4	four	أربعة	arba'ah
5	five	خمسة	khamsah
6	six	ستة	setah
7	seven	سبعة	sab'ah
8	eight	ثمانية	thamaneah
9	nine	تسعة	tes'ah
10	ten	عشرة	'asharah
11	eleven	أحد عشر	aHad 'ashr
12	twelve	إثنا عشر	ithnae 'ashr
13	thirteen	ثلاثة عشر	thalathah 'ashr
14	fourteen	أربعة عشر	arba'ah 'ashr
15	fifteen	خمسة عشر	khamsah 'ashr
16	sixteen	ستة عشر	setah 'ashr

17	seventeen	سبعة عشر	saba'ah 'ashr
18	eighteen	ثمانية عشر	thamaneah 'ashr
19	nineteen	تسعة عشر	tes'ah 'ashr
20	twenty	عشرون	'eshroon
21	twenty-one	واحد وعشرون	waHed w 'eshroon
30	thirty	ثلاثون	thalathoon
40	forty	أربعون	arba'oon
50	fifty	خمسون	khamsoon
60	sixty	ستون	setoon
70	seventy	سبعون	sab'oon
80	eighty	ثمانون	Thamanoon
90	ninety	تسعون	tes'oon
100	one hundred	مائة	me'aah
101	one hundred and one	مائة وواحد	me'aah w wahed
1000	one thousand	ألف	'alf
1 000 000	one million	مليون	melion

1st (first)
(أول)
awal

2nd (second)
(ثاني)
thany

3rd (third)
(ثالث)
thaleth

4th	fourth	رابع	rabe'
5th	fifth	خامس	khames
6th	sixth	سادس	sades
7th	seventh	سابع	sabe'
8th	eighth	ثامن	thamen
9th	ninth	تاسع	tase'
10th	tenth	عاشر	'asher
11th	eleventh	حادي عشر	Hady 'ashr

12th	twelfth	ثاني عشر	thany 'ashr
13th	thirteenth	ثالث عشر	thaleth 'ashr
14th	fourteenth	رابع عشر	rabe' 'ashr
15th	fifteenth	خامس عشر	khames 'ashr
16th	sixteenth	سادس عشر	sades 'ashr
17th	seventeenth	سابع عشر	sabe' 'ashr
18th	eighteenth	ثامن عشر	thamen 'ashr
19th	nineteenth	تاسع عشر	tase' 'ashr
20th	twentieth	العشرون	al-'eshron
21st	twenty-first	الحادي والعشرون	Al-Hady w al-'eshron
22nd	twenty-second	الثاني والعشرون	Al-thany w al-'eshron
23rd	twenty-third	الثالث والعشرون	al-thaleth w al-'eshron
24th	twenty-fourth	الرابع والعشرون	Al-rabe' w al-'eshron
25th	twenty-fifth	الخامس والعشرون	al-khames w al-'eshron
26th	twenty-sixth	السادس والعشرون	al-sades w al-'eshron
27th	twenty-seventh	السابع والعشرون	al-sabe' w al-'eshron
28th	twenty-eighth	الثامن والعشرون	al-thamen w al-'eshron
29th	twenty-ninth	التاسع والعشرون	al-tase' w al-'eshron
30th	thirtieth	الثلاثون	al-thalathon
40th	fortieth	الأربعون	al-arba'on
50th	fiftieth	الخمسون	al-khamson
60th	sixtieth	الستون	al-seton
70th	seventieth	السبعون	al-sab'on
80th	eightieth	الثمانون	al-thamanon
90th	ninetieth	التسعون	al-tes'on
100th	hundredth	المائة	al-ma'ah

noon	الظهيرة	al-Zahirah
midnight	منتصف الليل	montaSaf al-layel

one am	الواحدة صباحاً	al-waHedah sabaHan
one pm	الواحدة ظهراً	al-waHedah Zuhran

two am	الثانية صباحاً	al-thanyah sabaHan
two pm	الثانية ظهراً	al-thanyah Zuhran

three am	الثالثة صباحاً	al-thalethah sabaHan
three pm	الثالثة عصراً	al-thalethah 'aSran

four am	الرابعة صباحاً	al-rabe'ah sabaHan
four pm	الرابعة عصراً	al-rabe'ah aSran

five am	الخامسة صباحاً	al-khamesah sabaHan
five pm	الخامسة مساءاً	al-khamesah masa'an

six am	السادسة صباحاً	al-sadesah sabaHan
six pm	السادسة مساءاً	al-sadesah masa'an

seven am	السابعة صباحاً	al-sabe'ah sabaHan
seven pm	السابعة مساءاً	al-sabe'ah masa'an

eight am	الثامنة صباحاً	al-thamenah sabaHan
eight pm	الثامنة مساءاً	al-thamenah masa'an

nine am	التاسعة صباحاً	al-tase'ah sabaHan
nine pm	التاسعة مساءاً	al-tase'ah masa'an

ten am	العاشرة صباحاً	al-'asherah sabaHan
ten pm	العاشرة مساءاً	al-'asherah masa'an

eleven am	الحادية عشر صباحاً	al-Hadeah 'ashr sabaHan
eleven pm	الحادية عشر مساءاً	al-Hadeah 'ashr masa'an

quarter to
إلا ربع
ila rob'

ten to
إلا عشرة
ila 'ashrah

five to
إلا خمسة
ila khamsah

. . . o'clock
تمام الساعة
tamam al-sa›ah

five past
وخمسة
w khamsah

ten past
وعشرة
w 'ashrah

quarter past
والربع
w al-rub'

half past
ونصف
w neSf

What time is it?	كم الساعة الآن؟	kam al-sa'ah al-aan?
It's nine thirty.	الساعة التاسعة والنصف	al-sa'ah al-tase'ah w al-nesf
Excuse me, could you tell me the time please?	معذرة، هل يمكنك اخباري كم الساعة الآن؟	ma'dherah, hal yomkenok ikhbary kam al-sa'ah al-aan?
It's about half past nine.	الساعة التاسعة والنصف تقريباً	al-sa'ah al-tase'ah w al-nesf taqreeban

Monday
الإثنين
al-ithneen

Tuesday
الثلاثاء
al-tholatha'

Wednesday
الأربعاء
al-arba'a'

Thursday
الخميس
al-khamees

Friday
الجمعة
al-gom'ah

Saturday
السبت
al-sabt

Sunday
الأحد
al-aHad

on Monday	في يوم الإثنين	fi yaom al-ithneen
from Tuesday	من الثلاثاء	men al-tholatha'
until Wednesday	حتى الأربعاء	hata Al-arba'a'

JANUARY	FEBRUARY	MARCH	APRIL
January يناير yanayer	February فبراير febrayer	March مارس mares	April أبريل abreel

MAY	JUNE	JULY	AUGUST
May مايو mayoo	June يونيو yonyoo	July يوليو yolyo	August أغسطس oghostos

SEPTEMBER	OCTOBER	NOVEMBER	DECEMBER
September سبتمبر sebtamber	October أكتوبر october	November نوفمبر novamber	December ديسمبر disamber

in July	في يوليو	fi yolyo
since September	منذ سبتمبر	mondh sebtamber
until October	حتى أكتوبر	hata october
for two months	لمدة شهرين	lemodah shahreen

morning	late morning	noon	afternoon	evening	night
الصباح	وقت متأخر من الصباح	الظهيرة	بعد الظهر	المساء	الليل
Al-sabah	waqt mota'akher men al-sabaH	al-zaherah	ba'd al-Zohr	al-masa'a	al-layel

in the morning	في الصباح	fi al-Sabah
in the evening	في المساء	fi al-masa'a
in the night	في الليل	fi al-layel

cash
نقود
nuqood

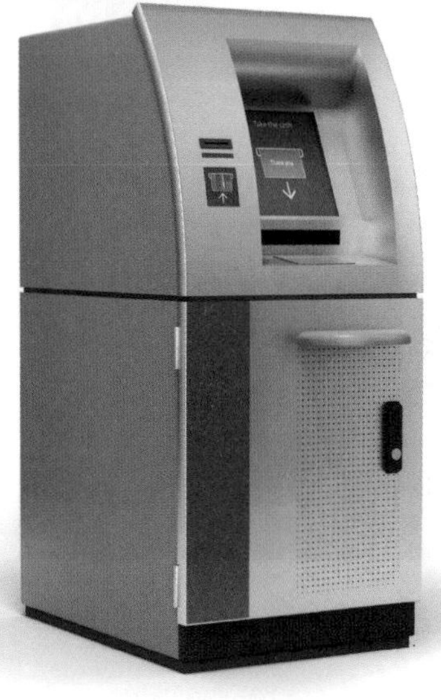

ATM / cashpoint
صرّاف آلي
Sarraf aaly

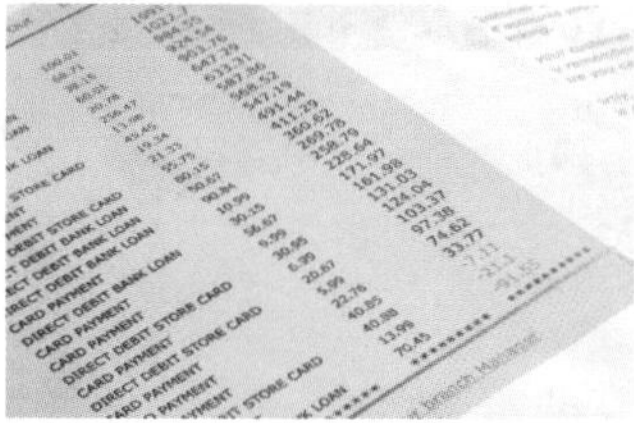

bank statement
كشف حساب بنكي
kashf Hesab banky

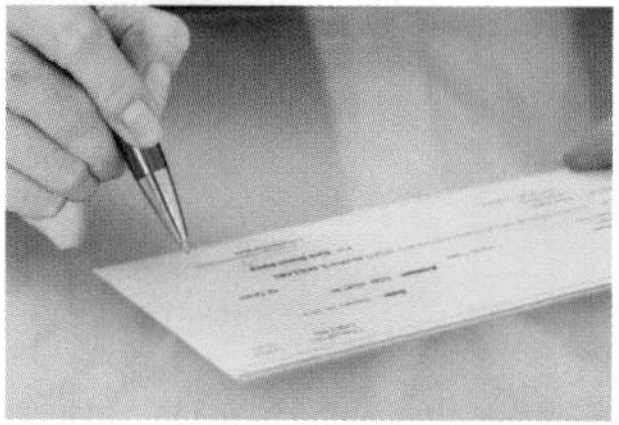

cheque
شيك
sheek

account	حساب	Hesab
bank	بنك	bank
bank charges	رسوم مصرفية	rosom masrafeyah
debit card	بطاقة مصرفية	beTaqah maSrafeyah
debt	دين	Dayn
current account	حساب جاري	Hesab jaree
loan	قرض	qard
mortgage	قرض عقاري	Qard ‹aqarey
savings account	حساب توفير	Hesab tawfeer
standing order	أمر دفع مستديم	amr daf' mostadeem
to borrow money	تقترض مالا	taqtared malan
to invest	تستثمر	tastathmer
to lend money	تقرض	taqred
to pay	تدفع	tadfa'
to take out a loan	تأخذ قرضا	takhodh qrdan
to withdraw from the account	تسحب من الحساب	tasHb men al-Hesab
to take out a mortgage	الحصول على قرض عقاري	Tawfeer
to withdraw	سحب	sahb

credit card
بطاقة إئتمانية
betaqah i'temanyah

to save
توفير
Tawfeer

Pound Sterling
جنيه استرليني
jeneh isterliny

Euro
يورو
yuro

Dollar
دولار
dolaar

Franc
فرنك
ferank

Yen
ين
yen

Won
ون
won

Yuan
يوان
yuan

Indian Rupee
الروبية الهندية
Al-robeah al-hendeyah

Zloty
زلوتي
zaloty

Ruble
روبل
robel

Leu
ليو
leo

Forint
فورنت
forent

Krone	كرونة	koronah
Peso	بيزو	bezoo
Pound	جنيه	jeneh
Dinar	دينار	dinar
Shilling	شلن	shelen
Dirham	درهم	derham
Rial	ريال	reyal
Dong	دونج	donj

exchange rate	سعر الصرف	se'r al-sarf
exchange rate for US Dollars to Japanese Yen	سعر صرف الدولار أمام الين الياباني	se'r sarf al-dolar amam´al-yen al-yabany
foreign exchange	صرف العملات الأجنبية	sarf al-'omlat al-agnabeyah
foreign exchange rate	سعر صرف العملات الأجنبية	se'r sarf al-'omlat al-agnabeyah

PEOPLE

teenager	مراهق	Moraheq
a young girl	شابة	shabah
a seven-year-old girl	فتاة فى السابعة من عمرها	fatah fi al-sabe‘ah men ‘omreha
young	شاب	shab
middle-aged	فى منتصف العمر	fi montaSaf al-‘umor
old	مسن	mosen
adult	بالغ	balegh
She is forty years old.	هى فى الأربعين من عمرها	heya fi al-arba‘een men ‘umoreha
She is in her thirties.	هي فى الثلاثينات	heya fi al-thalathinat
She is about twenty.	عمرها حوالى عشرون	‘umoreha Hawly ‘eshroon
child	طفل	tefl
a little boy	ولد صغير	Walad Sagheer
a little girl	بنت صغيرة	bent Sagheerah
He is six years old.	عنده ستة أعوام	‘endaho setah a‘waam

a beautiful girl
فتاة جميلة
fatah jameelah

a pretty woman
امرأة جميلة
imra'ah jameelah

a handsome man
رجل وسيم
rajol waseem

attractive	جذاب	jadhaab	dirty	قذر	qadher
beautiful	جميل	jameel	elegant	أنيق	aneeq
cute	ظريف	Zareef	pretty	جميل	jameel
handsome	وسيم	waseem	fashionable	مساير للموضة	mosaeer lelmoDah
ugly	قبيح	qabeeH	neat	مهندم	mohandam
unattractive	غير جذاب	gheer jadhaab	poorly dressed	غير مهندم	gheer mohandam
casually dressed	يرتدي ملابس غير رسمية	yartady malabes gheer rasmeeah	untidy	غير مرتب	gheer moratab
			well-dressed	حسن الهندام	hasan al-hindam

She is taller than him.	هى أطول منه	heya aTwal menho
He isn't as tall as her.	هو ليس طويلاً مثلها	hwa laysah Taweel methlaha
She is of average height.	هى متوسطة الطول	heya motawaseTah al-Tool

very tall
طويل جدًا
Taweel jedan

tall
طويل
Taweel

quite tall
طويل للغاية
Taweel lelghayah

not very tall
ليس طويلا جدا
laysah Taweel jedan

short
قصير
qaseer

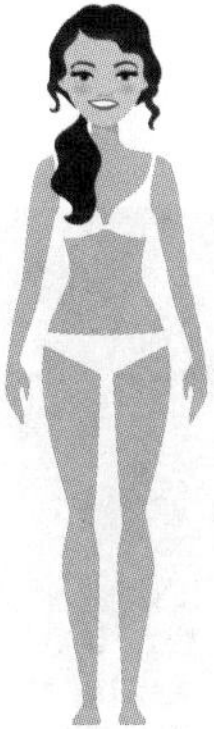

thin
نحيف
naHeef

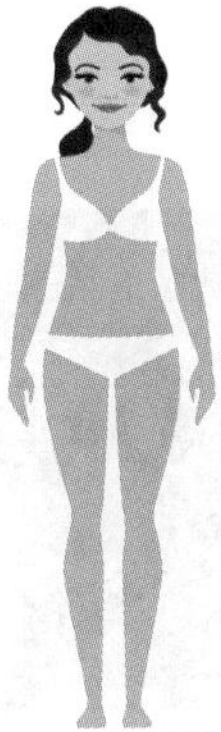

slim
نحيل
naHeel

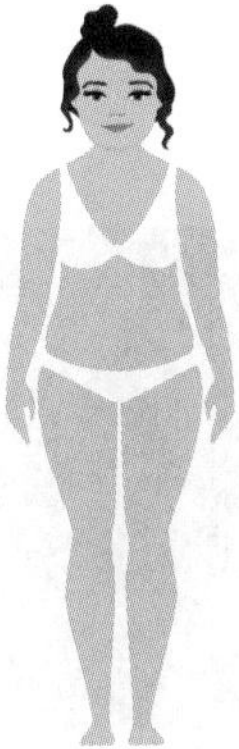

plump
ممتلئ
momtale'

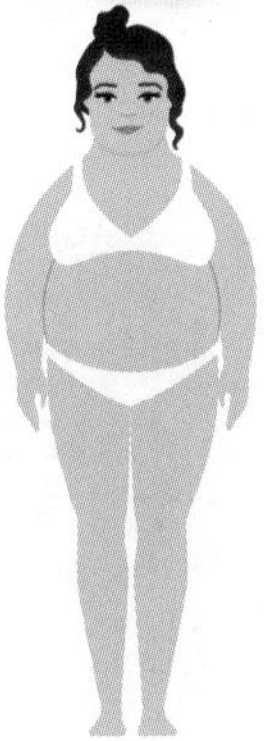

fat
سمين
sameen

slender	نحيل	naHeel
skinny	نحيف	naHeef
obese	بدين	badeen
underweight	نقص الوزن	naqs al-wazn
overweight	وزن زائد	wazn za'ed
She is overweight / underweight.	تعانى من زيادة الوزن/ نقص الوزن	to'any men zeyadah al-wazn/ naqs al-wazn
to lose weight	فقدان الوزن	foqdan al-wazn

grey
رمادى
ramady

red
أحمر
aHmar

dark
داكن
daken

black
اسود
aswad

blond
أشقر
ashkar

light
فاتح
fateH

chestnut
كستنائى
kestena'ey

brown
بنى
bony

straight
ناعم
na'em

long
طويل
Taweel

curly
مجعد
mojaad

short
قصير
kaSeer

wavy
مموج
momawaj

shoulder-length
يصل إلى الأكتاف
yaSel ilaa al-aktaaf

thick
كثيف
katheef

medium-length
متوسط الطول
motawaset al-Twool

bald
أصلع
aSla'

a brunette	بني داكن	bony daken
a redhead	صهباء	Sahbaa'
a blonde	شقراء	shaqraa'
a dark-haired woman	امرأة ذات شعر داكن	imra'ah zat sha'r daken
He has long dark hair.	لديه شعر طويل داكن	ladeeh sha'r Taweel daken
He has curly hair.	شعره مجعد	sha'roh mojaad
He is bald.	هو أصلع	hwa aSla'

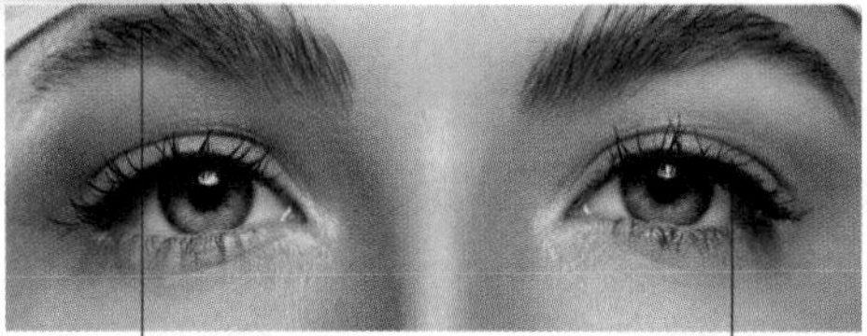

eyebrows
حاجبين
Hajebeen

eyelashes
رموش العين
romoosh al-'aeen

glasses
نظارة
naZarah

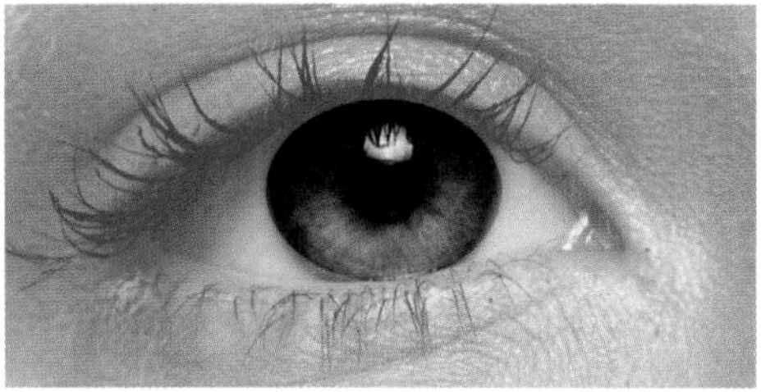

sunglasses
نظارة شمسية
nazarah shamsiyah

blue	زرقاء	zarqaa'
grey	رمادية	ramadeyah
green	خضراء	khadraa'
brown	بنية	boneeyah
dark	داكنة	dakenah
light	فاتحة	fateHah

short sighted	قصير النظر	qaseer el-naZar
blind	أعمى	a›maa
She wears glasses.	هي ترتدي نظارة	heya tartady nazarah
She has blue eyes.	هي زرقاء العينين	heya zarkaa› al-›aynayn
His eyes are dark brown.	عيناه بنية داكنة	'aynahu bonyah dakenah

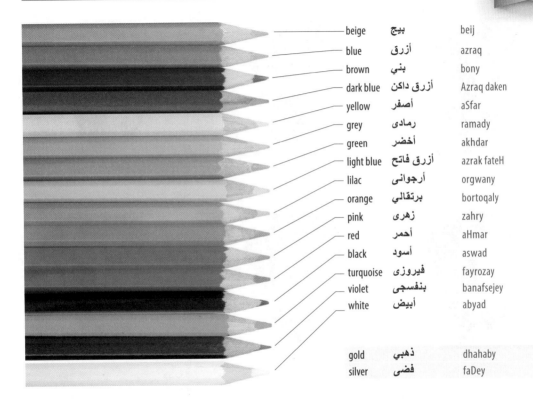

beige	بيج	beij
blue	أزرق	azraq
brown	بني	bony
dark blue	أزرق داكن	Azraq daken
yellow	أصفر	aSfar
grey	رمادى	ramady
green	أخضر	akhdar
light blue	أزرق فاتح	azrak fateH
lilac	أرجوانى	orgwany
orange	برتقالي	bortoqaly
pink	زهرى	zahry
red	أحمر	aHmar
black	أسود	aswad
turquoise	فيروزى	fayrozay
violet	بنفسجى	banafsejey
white	أبيض	abyad

gold	ذهبي	dhahaby
silver	فضى	faDey

positive
إيجابى
iejaby

stubborn
عنيد
'aneed

lucky
محظوظ
maHzooz

dreamer
حالم
Halem

visionary
خيالى
khayaley

funny
مضحك
moDeHek

talkative
ثرثار
tharthaar

energetic
نشيط
nasheeT

negative
سلبي
salby

creative	مبدع	mobde'
adventurous	مغامر	moghamer
kind	لطيف	lateef
calm	هادئ	hade›e
caring	راع	raa'
punctual	دقيق	daqeeq
crazy	مجنون	majnoon
liar	كاذب	kazeb
frank	صريح	SareeH
strong	قوى	qawey

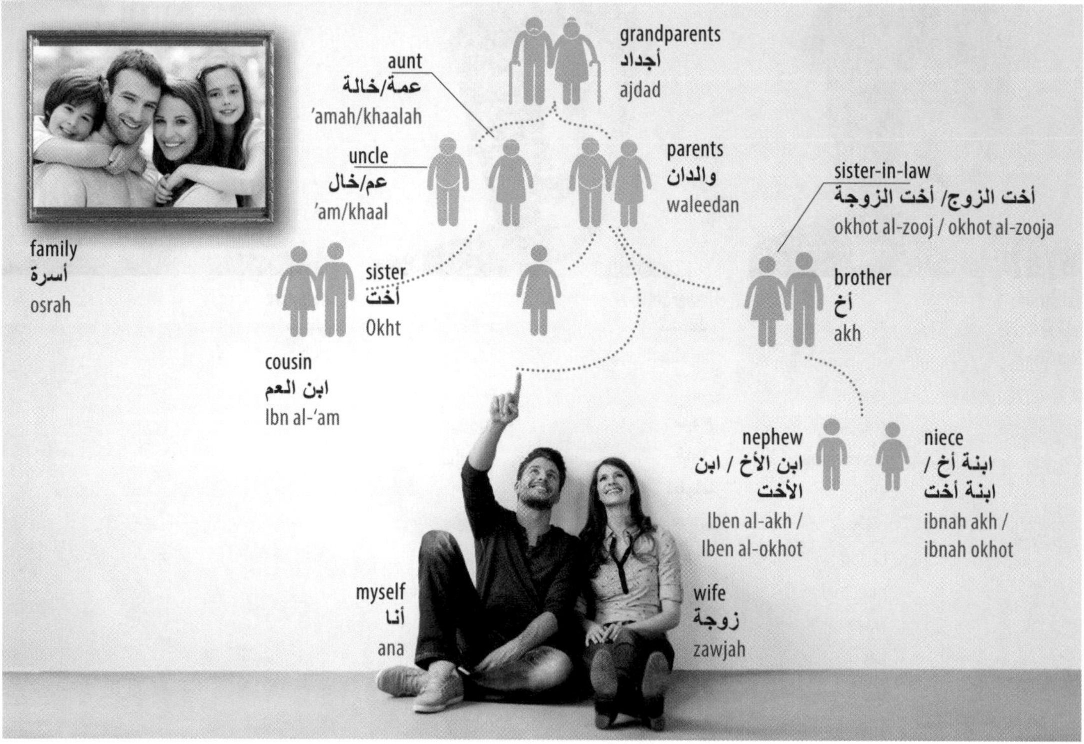
grandparents
أجداد
ajdad
aunt
عمة/خالة
'amah/khaalah
uncle
عم/خال
'am/khaal
parents
والدان
waleedan
sister-in-law
أخت الزوج/ أخت الزوجة
okhot al-zooj / okhot al-zooja
family
أسرة
osrah
sister
أخت
Okht
brother
أخ
akh
cousin
ابن العم
Ibn al-'am
nephew
ابن الأخ / ابن الأخت
Iben al-akh / Iben al-okhot
niece
ابنة أخ / ابنة أخت
ibnah akh / ibnah okhot
myself
أنا
ana
wife
زوجة
zawjah

grandchildren	أحفاد	aHfad
daughter	ابنة	ibnah
father	أب	ab
father-in-law	حمو	Hamo
grandchild	حفيد	Hafeed
granddaughter	حفيدة	Hafeedah
grandfather	جد	jed
grandmother	جدة	jeda
grandson	حفيد ذكر	Hafeed dhakar
great-grandparents	جد الجد/ جد الجدة	jed al-jed / jed al-jedah
husband	زوج	zaooj
mother	أم	om
mother-in-law	حماة	Hamah
son	ابن	iben
twin brother	أخ توأم	Akh taw›am
brother-in-law	أخو الزوج/ أخو الزوجة	okhoo al-zooj / okhoo al-zooja

single child
طفل وحيد
Tefel waHeed

family with two children
عائلة بطفلين
'aa'elah be Tefleen

big family
أسرة كبيرة
osrah kabeerah

childless
أبتر
abter

single father
أب أعزب
ab a'zab

single mother
أم عزباء
om 'azabaa'

adoption
تبني
tabany

orphan
يتيم
yateem

widow
ارملة
armalah

stepfather	زوج الأم	zuj al-om
stepmother	زوجة الأب	zujah al-ab
to be pregnant	تكون حاملا	takoon Hamelan
to expect a baby	تنتظر طفلا	tantaZer Teflan
to give birth to	تلد	taled
born	مولود	mawlood
to baptise	يعمد	yo'amed
to raise	يربى	yoraby

to be engaged	يخطب	yakhotob
to marry	يتزوج	yatazawaj
to be married to	متزوج	motazawej
divorced	مطلق	moTalak
widowed	ترمل	taramal
widower	أرمل	aramal
to die	يموت	yamoot

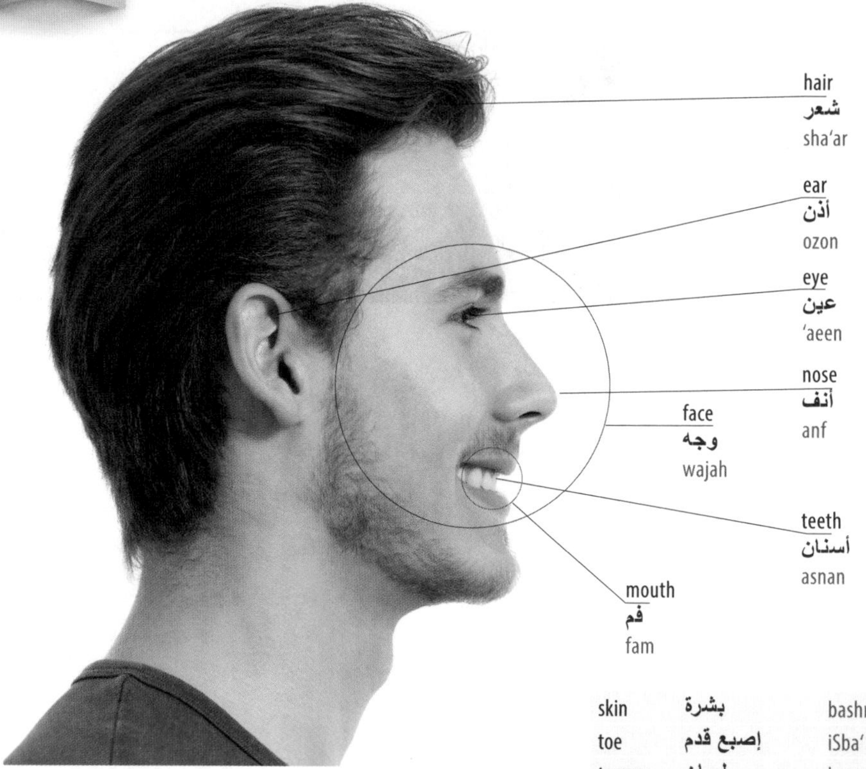

skin	بشرة	bashrah
toe	إصبع قدم	iSba' qadam
tongue	لسان	lesan

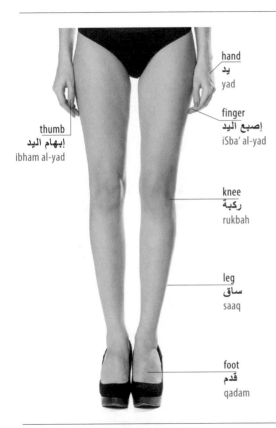

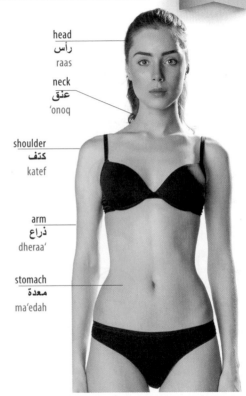

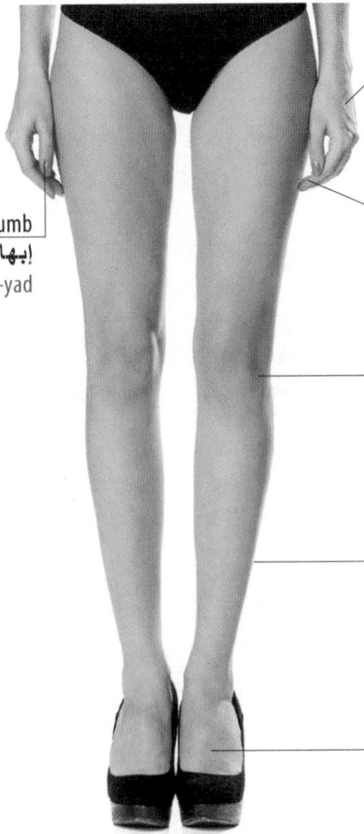
hand
يد
yad
finger
إصبع اليد
iSba' al-yad
thumb
إبهام اليد
ibham al-yad
knee
ركبة
rukbah
leg
ساق
saaq
foot
قدم
qadam

head
رأس
raas
neck
عنق
'onoq
shoulder
كتف
katef
arm
ذراع
dheraa'
stomach
معدة
ma'edah

angry
غاضب
ghaDeb

annoyed
منزعج
monza'ej

ashamed
خجول
Khajool

betrayed
خائن
khaa'en

confused
مرتبك
mortabek

confident
واثق
waatheq

cheated
مخدوع
makhdoo'

depressed
مكتئب
mokta 'eb

delighted
مسرور
masroor

disappointed
محبط
moHbat

excited
متحمس
motaHames

embarrassed
مُحرج
moHraj

furious
ثائِر
tha'er

frightened
خائف
kha'ef

happy
سعيد
sa'eed

horrified
مذعور
madh'oor

irritated
مغتاظ
moghtaZ

intrigued
مفتون
maftoon

jealous
غيور
ghayoor

lazy
كسول
kasool

lucky
محظوظ
maHZooZ

relaxed
مسترخ
mostarkhe

sad
حزين
Hazeen

stressed
متوتر
mutawatter

terrified
مرعوب
mar'oob

upset
مُتَضَايِق
motaDayeq

unhappy
غير سعيد
ghaeer sa'eed

My hobby is …	هوايتى هى ...	Hewayaty hya…
Are you interested in …?	هل أنت مهتم ب...؟	hal ant mohtam be…?

baking
خبز
khabz

coin collecting
جمع العملات
jama' al-'omlat

woodworking
نجارة
negarah

stamp collecting
جمع الطوابع
jama' al-Tawabe'

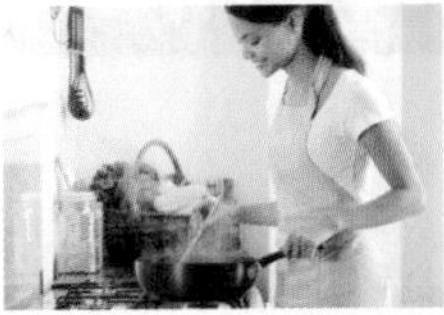

cooking
طبخ
Tabkh

dance
رقص
raqes

drawing
رسم
rasem

reading
قراءة
qera'ah

jewellery making
تصنيع المجوهرات
taSnee' al-mojawharat

knitting
حياكة
Heyakah

painting
رسم
rasem

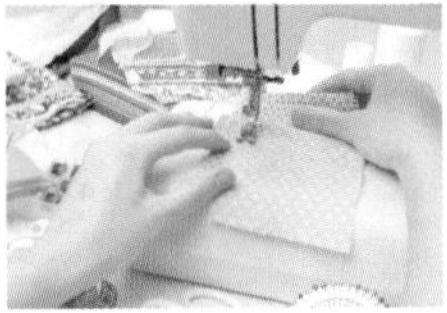

sewing
خياطة
kheyaTah

badminton
تنس الريشة
tenes al-reeshah

bowling
البولينج
Al-boleenj

boxing
ملاكمة
molakamah

chess
شطرنج
shaTaranj

cycling
ركوب الدراجات
rokob al-daraajat

darts
لعبة السهام
le'bat al-seham

diving
غوص
ghawS

fishing
صيد السمك
Saeed al-samak

football
كرة القدم
korat al-qadam

orienteering
الملاحة
al-milaha

gymnastics
جمباز
jumbaz

handball
كرة اليد
kurat al-yad

jogging
ركض
rakeD

kayaking
تجديف
tajdeef

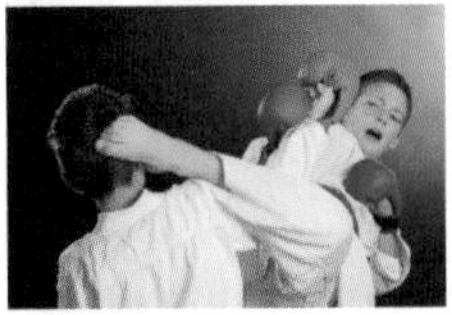
martial arts
الفنون القتالية
al-fonoon al-ketaleeah

mountain biking
ركوب الدرجات فى الجبال
rokoob al-darajat fi al-jebaal

paintball
كرة الطلاء
korah al-Telaa'

photography
التصوير الفوتغرافي
al-tasweer al-fotoghrafey

rock climbing
تسلق الجبال
tasaloq al-jebaal

running
الجري
Al-jary

sailing
الإبحار
Al-ibHaar

surfing
التزلج علي الأمواج
al-tazaloj 'ala al-aamwaj

swimming
السباحة
Al-sebaHah

table tennis
تنس الطاولة
tenes al-Tawalah

travel
السفر
Al-safar

tennis
التنس
Al-tenes

yoga
اليوجا
Al-yojaa

I like to swim.	أنا أحب السباحة	ana oHeb al-sebaHah
What activities do you like to do?	ما الأنشطة التى تحب القيام بها؟	ma al-ansheTah allaty toHeb al-qeyaam beha?

to get up
تنهض
tanhaD

to take a shower
تستحم
tastaHem

to brush your teeth
تغسل أسنانك
taghsel asnanak

to floss your teeth
تنظف أسنانك بالخيط
tonaZef asnanak bal-khaeet

to shave
تحلق
taHleq

to brush your hair
تمشط شعرك
tomashet sha›raak

to put on makeup
يضع مكياج
yaDa' mekeeaaj

to get dressed
ترتدي ثيابك
tartadey theeaabak

to get undressed
تخلع ملابسك
takhla' malabesak

to take a bath
تأخذ حماما
takhodh hamaman

to go to bed
تذهب إلى الفراش
tadhhab ila al-firash

to sleep
تنام
tanaam

Valentine's Day
عيد الحب
'eed al-Hob

graduation
التخرج
al-takharoj

Easter
عيد الفصح
'eed al-feSaH

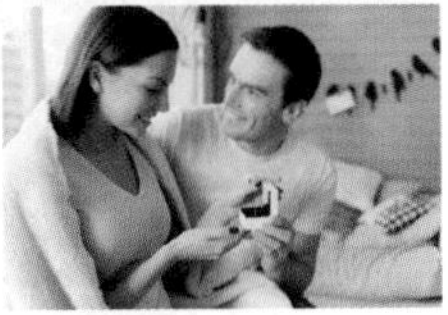

engagement
الخطوبة
al-khoToobah

marriage
الزواج
al-zawaaj

bride
عروس
'aroos

Christmas
عيد الميلاد
'eed al-meelaad

Santa Claus / Father Christmas
سانتا كلوز/ بابا نويل
santa keloz / Baba noel

candle
شمعة
sham'ah

decoration
زخرفة
zakhrafah

mistletoe
نبات الدبق
nabat al-dabeq

present / gift
هدية
hadeyah

champagne
شامبانيا
shambanyaa

fireworks
ألعاب نارية
al'aab naareyah

Advent calendar
تقويم القدوم
taqueem al-qudoom

party
حفلة
Haflah

birthday
عيد ميلاد
'eed meelad

ceremony
مراسم
maraasem

wedding ring
خاتم الزواج
khaatem al-zawaj

decorated eggs
بيض مزخرف
beeD mozakhraf

Easter Bunny
أرنب عيد الفصح
arnab 'eed al-feSeH

New Year	عام جديد	'aam jadeed
Happy New Year!	عام جديد سعيد	'aam jaded sa'eed
Happy Birthday!	عيد ميلاد سعيد	'eed meelad sa'eed
All the best!	أطيب الأماني!	Atyab al-amany
Congratulations!	تهانينا	Tahaneena
Good luck!	حظ سعيد	HaZ sa'eed
Merry Christmas!	عيد ميلاد مجيد	'eed meelad majeed
Happy Easter!	عيد فصح سعيد	'eed feSeH sa'eed

Christianity
المسيحية
al-maseeHeyah

Confucianism
الكونفوشيوسية
al-konfooshyooseyah

Jainism
الجاينية
al-jayneyah

Islam
الإسلام
al-islaam

Buddhism
البوذية
al-boodheeah

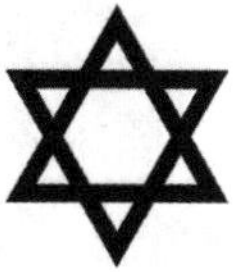

Judaism
اليهودية
al-yahudeyah

Hinduism
الهندوسية
al-hendooseyah

Taoism
الطاوية
al-Taaweyah

Sikhism
السيخية
al-seekheeah

to confess	يعترف	ya'taref
without religious confession	بدون إعتراف ديني	bedon i'teraf deeny
to believe in God	يؤمن بالله	yo'men beallah
to have faith	يؤمن	yo'men
to pray	يصلي	yoSaly

HOME & HOUSEKEEPING

house
منزل
manzel

flat
شقة
shaqah

block of flats
مجموعة شقق سكنية
majmoo'ah shoqaq sakaneeah

duplex / two-storey house
منزل من طابقين
manzel men Tabeqeen

detached house
بيت مستقل
beet mostaqel

co-ownership
ملكية مشتركة
melkeeah moshtarakah

houseboat
منزل عائم
Manzel ‹aa›em

caravan
منزل متنقل / كارافان
manzel motanaquel / karavan

farm
مزرعة
mazra'ah

flatshare
شقة مشتركة
shakah moshtarakah

Where do you live?	أين تسكن؟	ayn taskon?
I live in a flatshare.	أسكن فى شقة مشتركة	askon fi shakah moshtarakah
I live with my parents.	أسكن مع والدي	askon ma› waliday

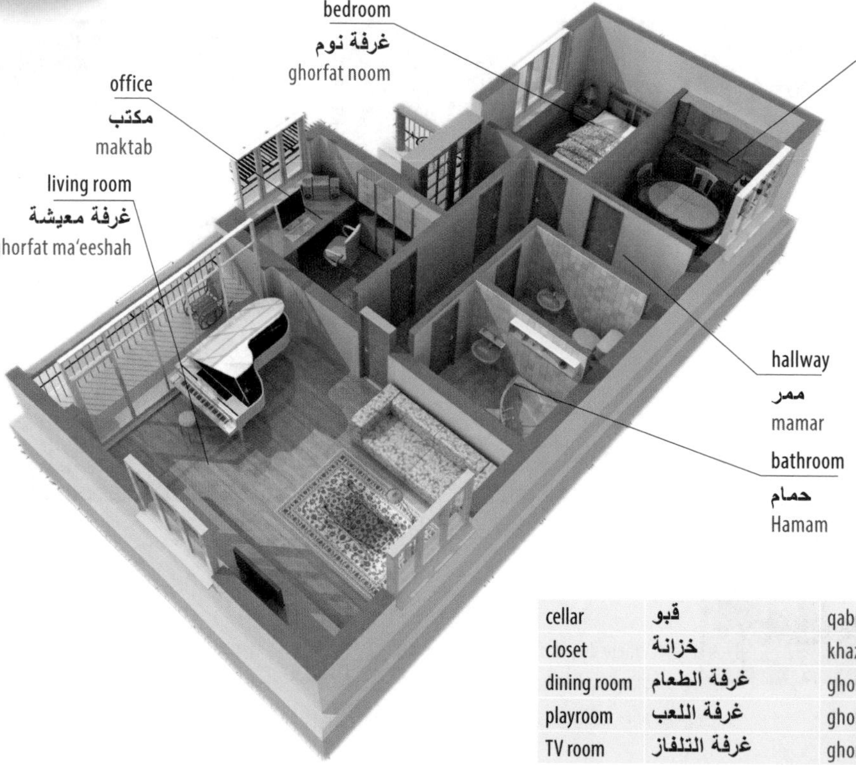

cellar	قبو	qabu
closet	خزانة	khazanah
dining room	غرفة الطعام	ghorfah al-Ta'aam
playroom	غرفة اللعب	ghorfah al-le'ab
TV room	غرفة التلفاز	ghorfah al-telfaz

attic
العلية
al-‘eleyah

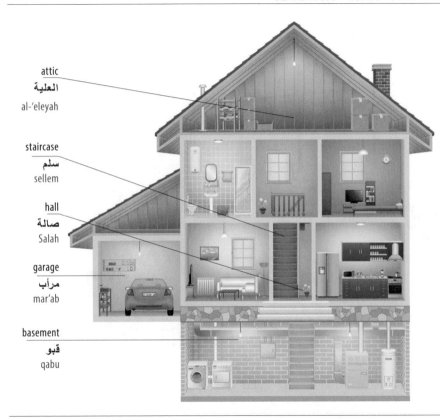

staircase
سلم
sellem

hall
صالة
Salah

garage
مرأب
mar’ab

basement
قبو
qabu

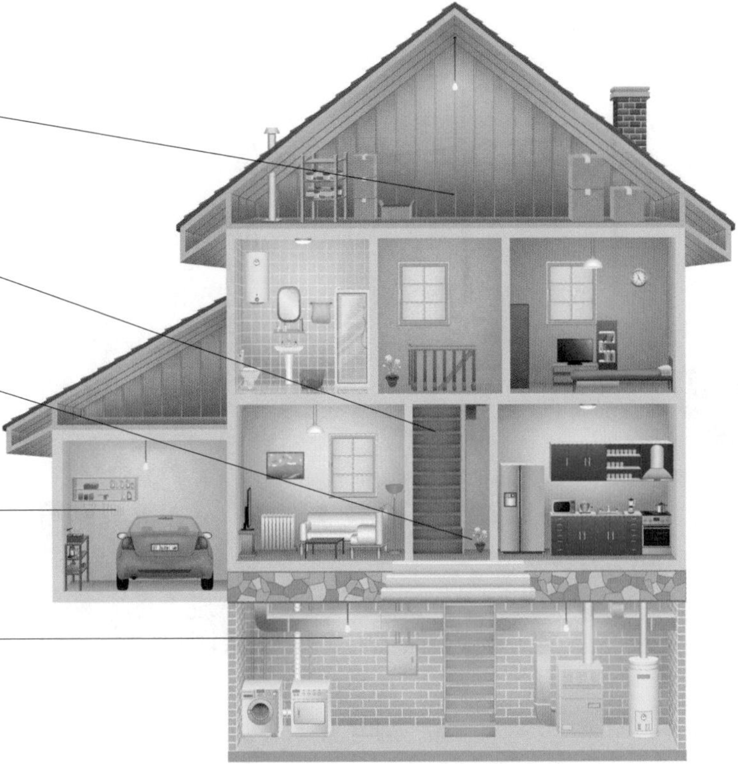

porch
رواق
rowaaq

patio
فناء
fena’

workshop
ورشة عمل
warshat ‘amal

window
نافذة
nafedhah

bed
سرير
sereer

lamp
مصباح
meSbaH

pillow
وسادة
wesadah

blanket
بطانية
baTaneyah

bedsheet
شرشف
sharshaf

chest of drawers
خزانة بأدراج
khizanah bi›adrag

carpet
سجادة
sejadah

bedroom
غرفة نوم
ghorfah noom

bed linen	أغطية السرير	aghTeyat al-sereer

bathroom
حمام
Hamaam

toilet
مرحاض
merHaD

bidet
شطافة
shaTaafah

mirror
مرآة
meraah

tap
صنبور
Senboor

wash basin
حوض غسيل
HooD ghaseel

shower
دش
dosh

bath towel
منشفة حمام
menshafat Hamam

bath
مغطس
maghTas

flush
سيفون
seefoon

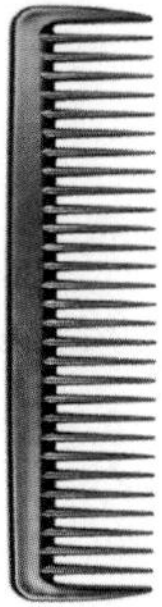

comb
مشط
meshT

soap
صابون
Saaboon

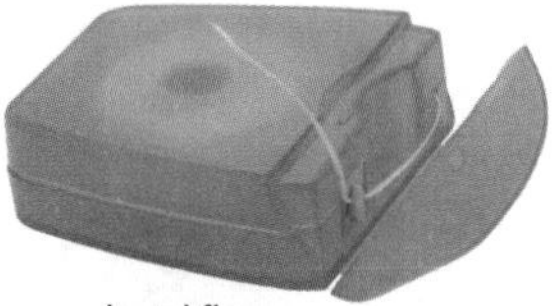

dental floss
خيط تنظيف الأسنان
kheeT tanZeef al-asnaan

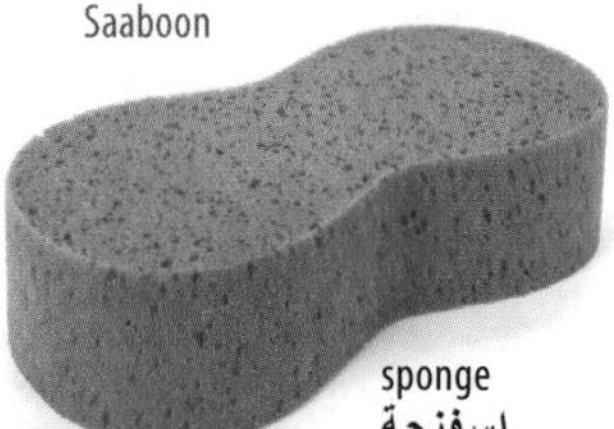

sponge
إسفنجة
isfenjah

rubbish bin
سلة قمامة
salat qemamah

face cloth
منشفة الوجه
menshafat al-wajeh

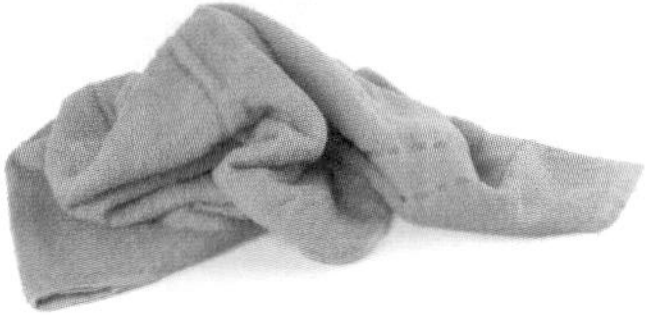

bathrobe
برنس الحمام
bornos al-Hamam

hairbrush
فرشاة الشعر
forshat al-sha'ar

hair dryer
مجفف الشعر
mojafef al-sha'ar

hand towel
منشفة اليد
menshafat al-yad

towel
منشفة
menshafah

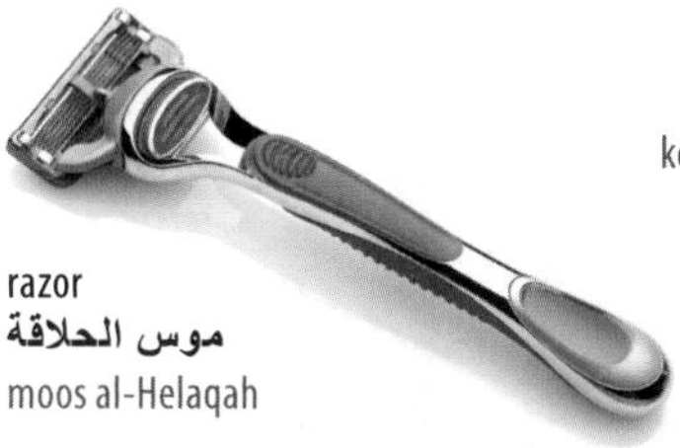

razor
موس الحلاقة
moos al-Helaqah

shaving cream
كريم الحلاقة
kereem al-Helaqah

toothbrush
فرشاة الأسنان
forshat al-asnaan

conditioner
منعم الشعر
mona‘em al-sha‘ar

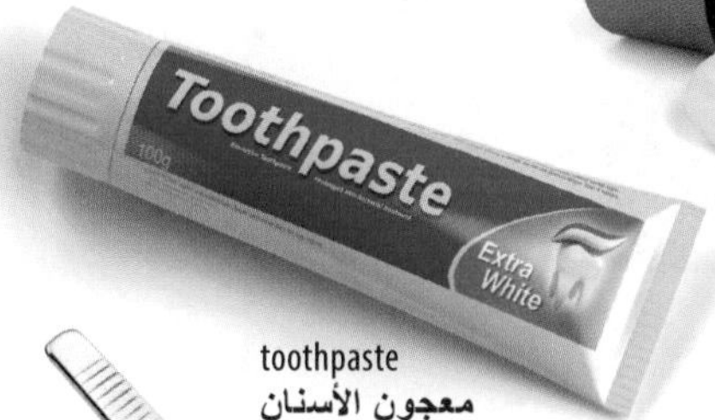

toothpaste
معجون الأسنان
ma‘joon al-asnaan

shampoo
شامبو
shaamboo

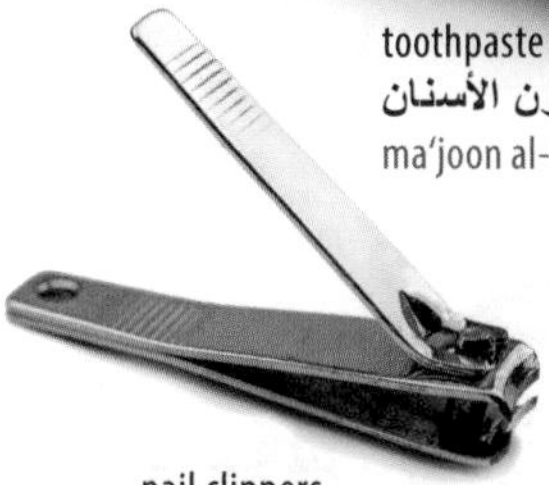

nail clippers
قلامة أظافر
qalamat aZafer

paper towel
منشفة ورقية
menshafah waraqeyah

toilet paper
ورق المرحاض
warak al-merHaD

microwave
ميكروويف
mayokroowev

fridge
ثلاجة
thalaajah

stove
موقد
mawqid

coffee machine
آلة صنع القهوة
alah Sono' al-qahwa

dishwasher
غسالة أطباق
ghasaalat aTbaaq

freezer
مجمدة
Mujamidah

washing machine
غسالة
ghasaalah

oven
فرن
forn

kettle
غلاية
ghalayah

toaster
محمصة خبز
maHmaSat khobz

kitchen roll
مناديل مطبخ
manadeel maTbakh

cookery book
كتاب طبخ
ketaab Tabkh

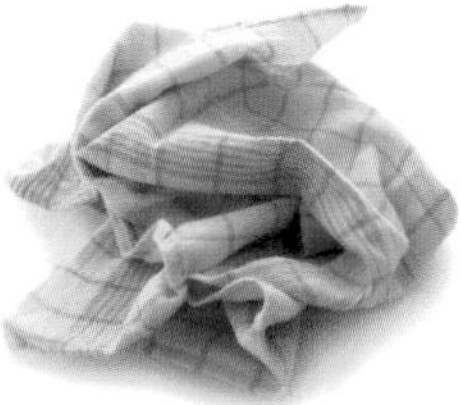

dishcloth
فوطة الصحون
foTat al-SoHoon

draining board
لوح تجفيف الصحون
looH tajfeef al-SoHoon

plug
سدادة
Saddadah

tea towel
منشفة صحون
menshafat SoHoon

shelf
رف
raf

sink
مغسلة
mighsalah

tablecloth
غطاء طاولة
gheTaa' Taawelah

bottle opener
فتاحة زجاجات
fataHaat zojajat

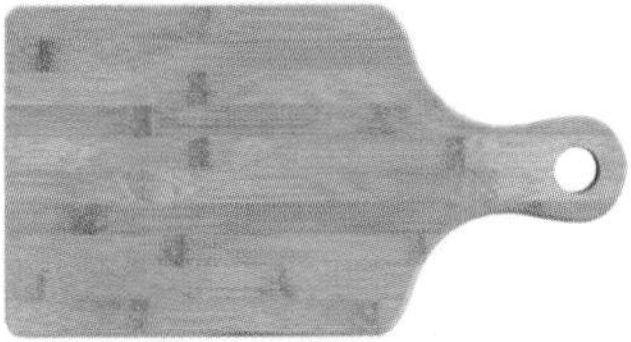

chopping board
لوح تقطيع
looH taqtee'

colander
مصفاة
meSfaah

juicer
عصارة
‹Assarah

frying pan
مقلاة
miqlaat

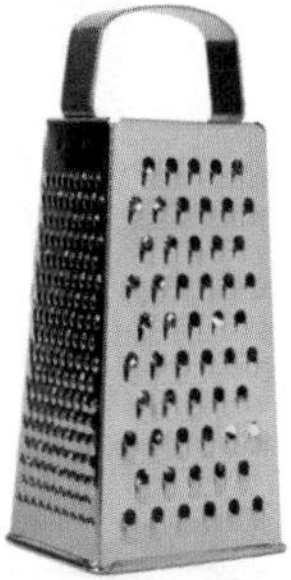

grater
مبشرة
mabsharah

kitchen scales
موازين المطبخ
mawaazeen al-maTbakh

corkscrew
لولب فليني
lawlab fallini

mixing bowl
وعاء خلط
we'aa' khalT

saucepan
قدر صغير
qedr Sagheer

sieve
غربال
ghorbaal

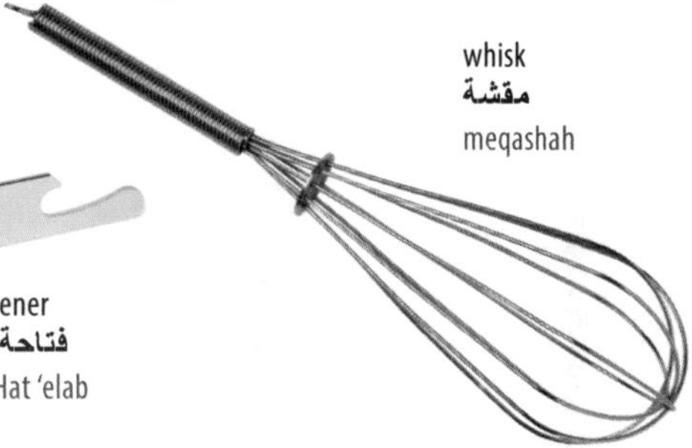

whisk
مقشة
meqashah

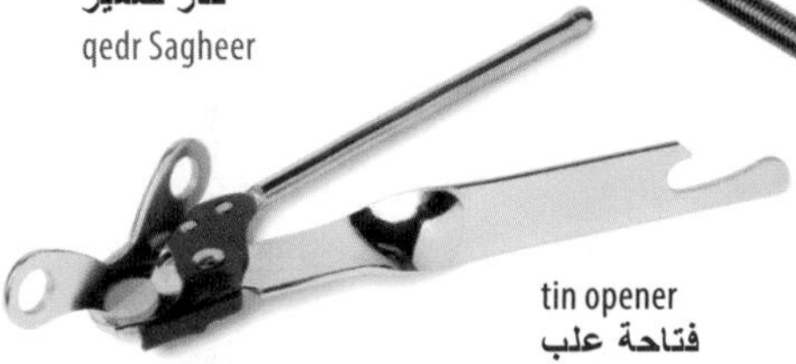

tin opener
فتاحة علب
fataaHat 'elab

washing-up liquid
سائل غسيل
sa'el ghaseel

to do the dishes / to do the washing up	غسل الأطباق	ghasl al-atbaaq
to clear the table	تنظيف الطاولة	Tanzeef al-tawelah
to set the table	إعداد المائدة	idad al-ma'edah

cutlery	أدوات المائدة	adwat al-ma'edah
dessert spoon	ملعقة حلوى	mil›aqat Halwa
soup spoon	ملعقة الشوربة	mel'akat al-shorbah
spoon	ملعقة	mel'akah

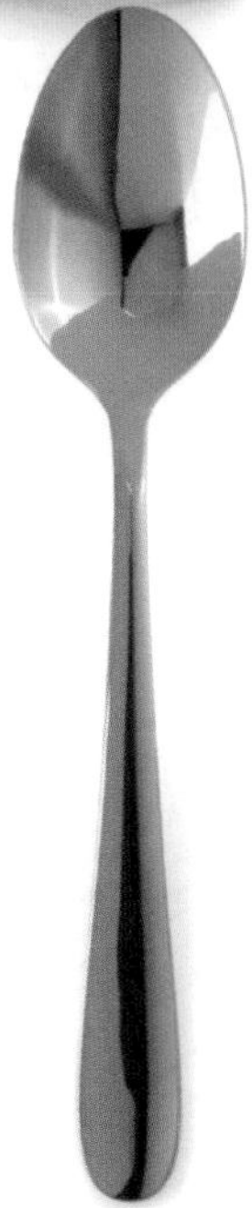

tablespoon
ملعقة طعام
Mel›akat ta›aam

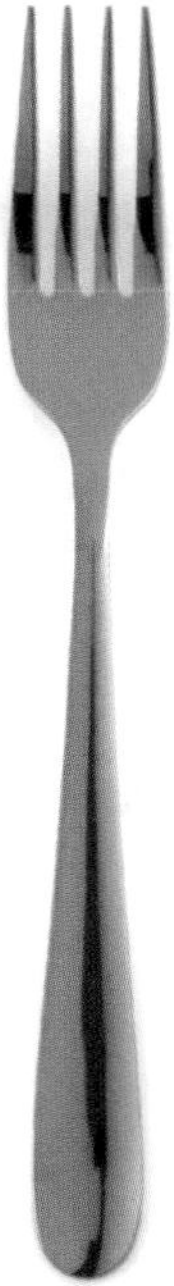

fork
شوكة
shookah

knife
سكين
sekeen

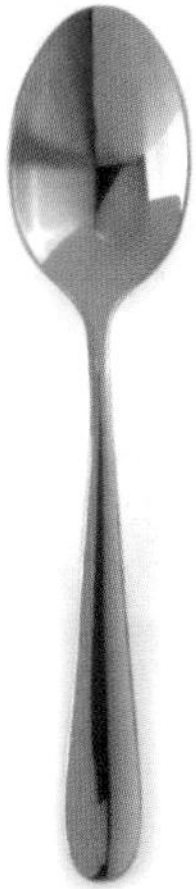

teaspoon
ملعقة شاي
mel'akah shay

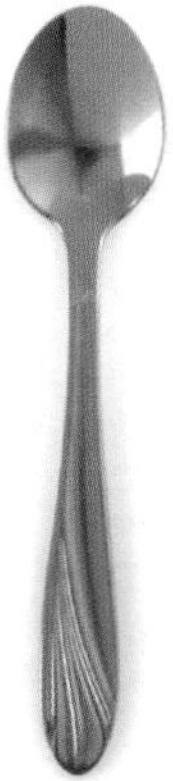

coffee spoon
ملعقة قهوة
mel'akah qahwah

plate
نحص
Sahn

mug
كوب
Kuub

sugar dispenser
وعاء سكر
we‘aa’ sokar

jug
إبريق
ibreeq

wine glass
كأس نبيذ
ka’s nabeez

teapot
براد شاي
barad shay

saucer
صحن الفنجان
SaHn al-fenjaan

cup
فنجان
finjaan

bowl
وعاء
Wi›aa

jar
برطمان
barTamaan

crockery	إناء فخاري	inaa’ fokhaary
glass	كأس	ka’s

armchair
كرسي ذو ذراعين
Kursy dhoo dheraa'een
sofa
أريكة
areeqah
lampshade
أباجورة
abaajurah
lamp
مصباح
meSbaH
vase
مزهرية
mezharyah
rug
بساط
besaaT

I can relax here.	يمكنني الاسترخاء هنا	yomkenony al-isterkhaa› huna
Do you watch TV often?	هل تشاهد التلفاز كثيرًا؟	hal tushahed al-telfaz katheran?
What is the size of the living room?	ما حجم غرفة المعيشة؟	Ma Hagm ghorfat al-ma'eeshah?

washing machine
غسالة
ghasalah

hair dryer
مجفف شعر
Mojafef sha'r

iron
مكواه
mekwaah

radio
راديو
radio

television
تلفاز
telfaz

cooker
طبّاخ
Tabakh

telephone
هاتف
haatef

vacuum cleaner
مكنسة كهربائية
maknasah kahrabaa'eeh

mobile
جوال
jawaal

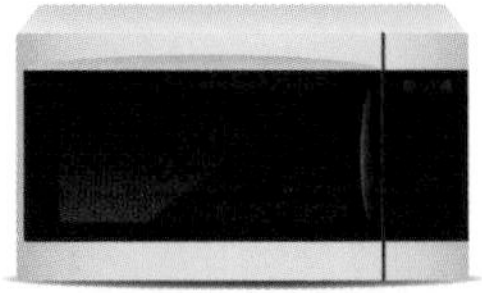

microwave
ميكرويف
mayokroowev

coffee grinder
مطحنة قهوة
maTHanat qahwah

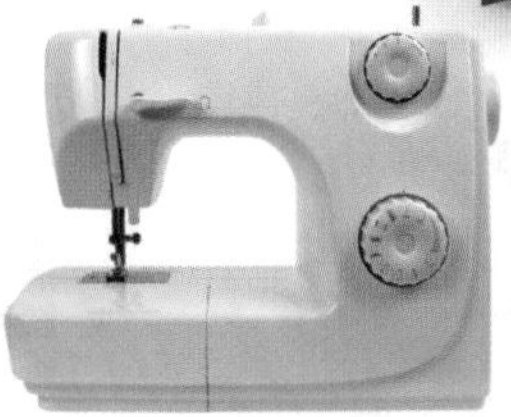

sewing machine
ماكينة خياطة
Maakeenat kheyaTah

kettle
غلاية
ghalaayah

refrigerator
ثلاجة
thalajah

razor
موس حلاقة
moos Helakah

blender
خلاط
khalaaT

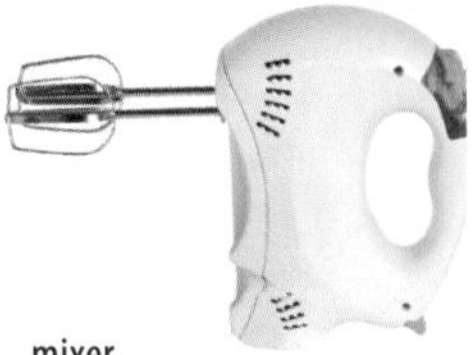

mixer
مضرب كهربائي
maDrab kahrabaa'y

gas oven
فرن غاز
Forn ghaz

juicer
عصارة
'aSaarah

to clean up
ينظف
yonaZef

to dust
ينفض الغبار
yanfoD al-ghobaar

to vacuum
يكنس بالمكنسة الكهربائية
yaknos bal-maknasah al-kahrabaa'yah

to clean the windows
ينظف النوافذ
yonaZef al-nawafez

to clean the floor
ينظف الأرض
yonZef al-arD

to do the washing/laundry
يغسل
yaghsel

to do the dishes
يغسل الأطباق
yaghsel al-aTbaaq

to make the bed
يرتب السرير
yorateb al-sareer

to hang up the laundry
ينشر الغسيل
yanshor al-ghaseel

to iron
يكوي
yakwey

bucket
دلو
delw

dustpan
مجرفة
mejrafah

dust cloth
خرقة
kherqah

feather duster
منفضة غبار
menfaDah ghobaar

mop
ممسحة
memsaHah

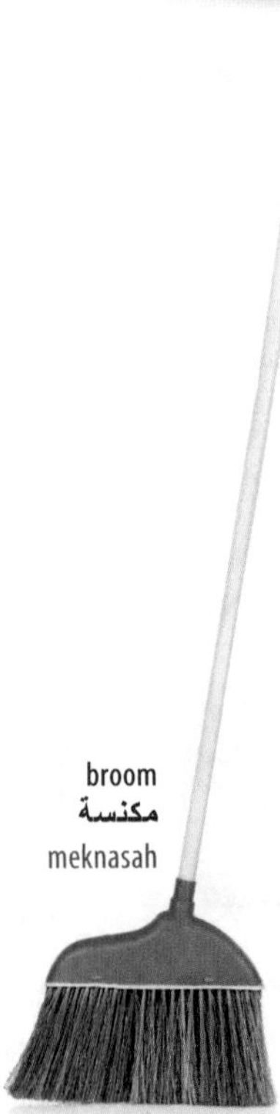

broom
مكنسة
meknasah

clothes line
حبل غسيل
Habl ghaseel

peg
ملقط غسيل
milqat ghaseel

paper towel
منشفة ورقية
menshafah waraqeyah

laundry basket
سلة غسيل
salat ghaseel

detergent
منظف
monaZef

window cleaner
منظف نوافذ
monaZef nawaafedh

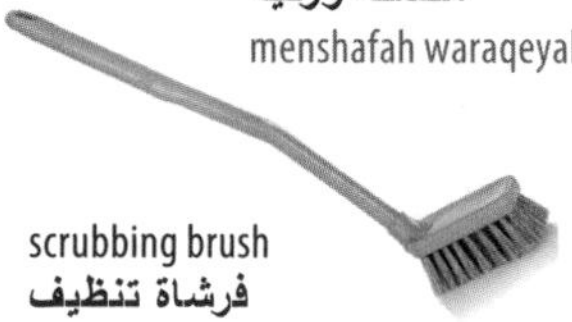

scrubbing brush
فرشاة تنظيف
forshaat tanZeef

sponge
إسفنجة
isfenjah

We have to clean up.	علينا أن ننظف	‘alayna an nonaZef
The flat is already clean.	الشقة نظيفة بالفعل	al-shaqah nazeefah bal-fe‘l
Who does the cleaning?	من يقوم بالتنظيف	man yaqoom bal-tanZeef?

SCHOOL

to go to school	يذهب إلى المدرسة	yazhab ily al-madrasah
to study	يذاكر	yodhaker
to learn	يتعلم	yata'alam
to do homework	يؤدى الفرض المنزلي	yo'ady al-fard al-manzely
to know	يعرف	ya'ref
to take an exam	يمتحن	yamtaHen
to pass	ينجح	yanjaH

marks	درجات	darajat
an oral exam	إمتحان شفهي	imteHan shafahy
a written exam	إمتحان كتابي	imteHan ketaaby
to prepare for an exam	يتحضر للإمتحان	yataHadar lal-imteHan
to repeat a year	يعيد السنة	yo'eed al-sanah

Languages
لغات
loghaat

Spanish
الإسبانية
al-isbaneeyah

German
الألمانية
al-almaaniyah

English
الإنجليزية
al-injeleezeyah

French
الفرنسية
al-firansiyah

Art
فن
fan

Geography
جغرافيا
ghoraafyaa

Music
موسيقي
museeqah

History
تاريخ
taareekh

Chemistry
كيمياء
keemeyaa’

Biology
أحياء
aHyaa’

Mathematics
رياضيات
reyaDeyaat

Physical education
تربية رياضية
Tarbeyah reyaDeyah

scissors
مقص
maqaS

globe
كرة أرضية
korah arDeyah

school bag
حقيبة مدرسية
Haqeebah madraseyah

pen
قلم
qalam

notebook
كراسة
karaasah

pencil case
مقلمة
meqlamah

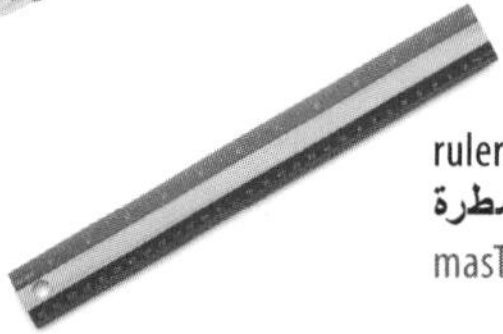

ruler
مسطرة
masTarah

pencil
قلم رصاص
kalam roSaaS

pencil sharpener
مبراة
mebraah

rubber
ممحاة
memHaah

highlighter
قلم تمييز
qalam tameez

book
كتاب
ketaab

colouring pen
قلم تلوين
kalam talween

stapler
دباسة
dabaasah

WORK

job interview
مقابلة عمل
Moqaabalat 'amal

recruiter
مشغّل
mushaghel

candidate
مرشح
murashaH

application letter
خطاب توظيف
khetab tawzeef

CV
السيرة الذاتية
as-seera adh-dhaatya

gross	إجمالي	ijmaaly
net	صافي	Saafy
job advertisement	اعلان عن وظيفة	i'laan 'an waZifa
application	تطبيق	taTbeeq
company	شركة	shareka
education	تعليم	ta'leem

interview	مقابلة شخصية	Moqaabala shakhSeya
job	وظيفة	waZeefa
salary	راتب	raateb
vacancy	شاغر	shaagher
work	عمل	'amal
to hire	يوظف	yuwaZef

experience	خبرة	khebra
to apply for	يتقدم إلى	yataqadam ilaa
assessment	امتحان	imteHaan
bonus	مكافأة	mukaafa'a
employer	صاحب عمل	SaaHeb 'amal
to fire	يفصل	yafSel
fringe benefits	أجر إضافي	Agr iDaafy
maternity leave	إجازة أمومة	ajazat umooma
notice	إخطار	ikhTaar
staff	فريق عمل	fareeq 'amal
human resource officer	مسؤول الموارد البشرية	mas'ool al-mawaared al-bashareya
promotion	ترقية	tarqeya
prospects	امكانيات	imkaaneeaat
to resign	يستقيل	yastaqeel
to retire	يتقاعد	yataqaa'ad
sick leave	أجازة مرضية	ajaza maraDeya
strike	إضراب	iDraab
trainee	متدرب	mutadareb
training course	دورة تدريبية	dawra tadreebeya
unemployment benefits	إعانات البطالة	i'aanaat al-baTaala
workplace	مكان العمل	makaan al-'amal

employee
موظف
mowaZaf

actor
ممثل
mumathel

baker
خباز
khabaaz

banker
مصرفي
maSrafey

butcher
جزار
jazaar

carpenter
نجار
najaar

chef
طاه
Taahe

doctor
طبيب
Tabeeb

farmer
مزارع
muzaare'

fisherman
صياد السمك
Sayaad as-samak

firefighter
رجل الاطفاء
rajul al-iTfaa'

musician
موسيقي
mooseeqey

lawyer
محامي
muHaamy

nurse
ممرضة
mumareDa

pilot
طيار
Tayaar

policeman
شرطي
shurTey

coach
مدرب
mudareb

sailor
بحار
BaHaar

soldier
جندي
jundey

teacher
مدرس
mudares

judge
قاضي
qaaDey

tailor
خياط
KhayaaT

veterinarian
طبيب بيطري
Tabeeb bayTarey

waiter
نادل
naadel

mechanic
ميكانيكي
meekaaneekey

accountant	محاسب	muHaaseb
barber	حلاق	Halaaq
beautician	خبير التجميل	khabeer at-tajmeel
broker	سمسار	semsar
driver	سائق	saa'eq
craftsman	حرفي	Herafey
dentist	دكتورالاسنان	duktoor al-asnaan
engineer	مهندس	muhandes
pharmacist	صيدلاني	Saeydalaaney
writer	كاتب	kaateb
politician	سياسي	seyasey
professor	أستاذ	ostaadh
salesman	بائع	baa'e'
shoemaker	صانع الأحذية	Saane' al-aHdheya
watchmaker	ساعاتي	saa'aatey
What's your occupation?	ما هي مهنتك؟	Ma hey mehnatak?
I work as a secretary.	اعمل سكرتيرة	a'mal sekerteera
I am a teacher.	أنا معلم	ana mu'alem

office
مكتب
maktab

desk
منضدة
menDada

computer
حاسوب
Haasoob

printer
طابعة
Taabe'a

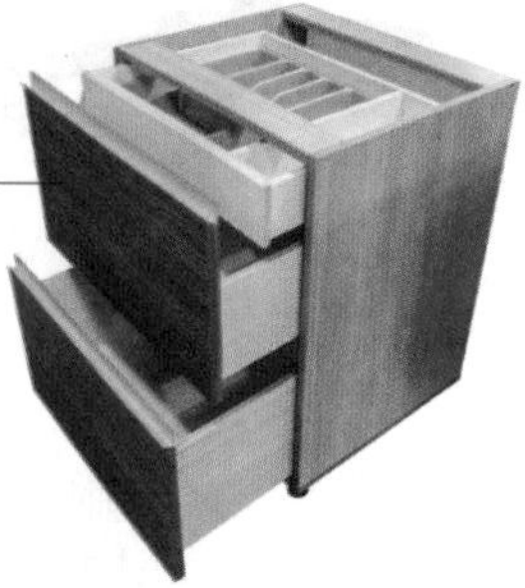

drawer
درج
durj

filing cabinet
خزانة الملفات
khazanat al-malafaat

swivel chair
كرسي دوار
kursey dawaar

rubber stamp
ختم مطاطي
khetm maTaTey

telephone
هاتف
haatef

ink pad
محبرة
maHbara

bin
سلة الورق
sallat al-waraq

keyboard
لوحة المفاتيح
looHat al-mafateeH

clipboard	حافظة	HaafZa
file	ملف	malaf
in-tray	درج الوارد	durg al-waared
to photocopy	ينسخ	yansakh
to print	يطبع	yaTba'

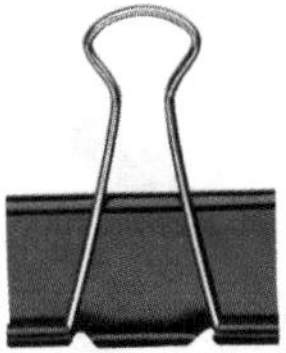

bulldog clip
مشبك حديد
mashbak Hadeed

calculator
آلة حاسبة
aala Haaseba

correction tape
شريط تصحيح
shereeT taSHeeH

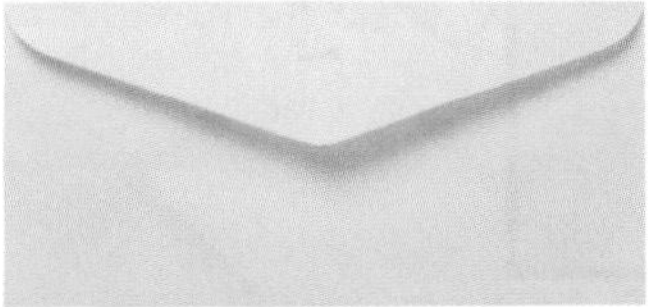

envelope
ظرف
Zarf

laptop
مطاطة
maTaaTa

highlighter
قلم التمييز
kalam al-tameez

holepunch
خرامة
kharaama

elastic bands
حاسوب نقال
Haasoob naqaal

letterhead
ترويسة
tarweesa

notepad
مفكرة
mufakera

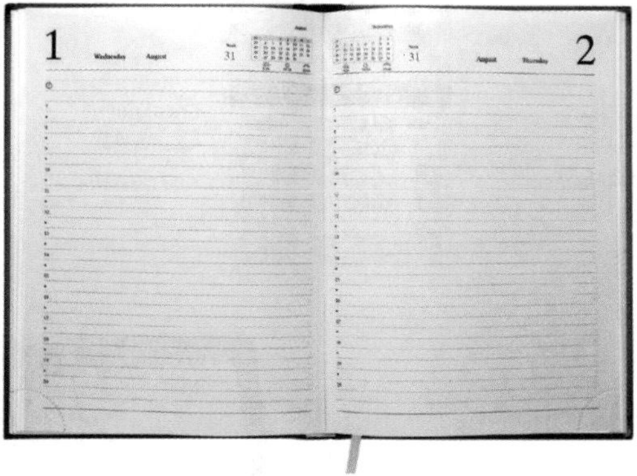

pen
قلم
qalam

pencil sharpener
مبراة القلم
mebraat al-qalam

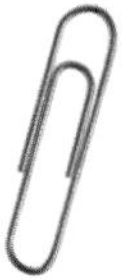

paper clip
مشبك الورق
meshbak al-waraq

personal organiser
منسق شخصي
munaseq shakhSey

pencil
قلم رصاص
qalam raSaaS

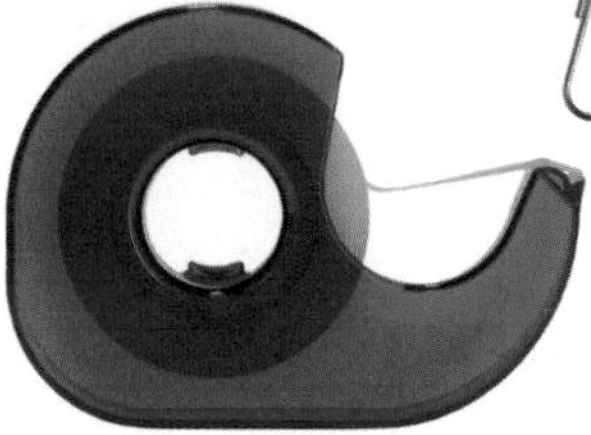

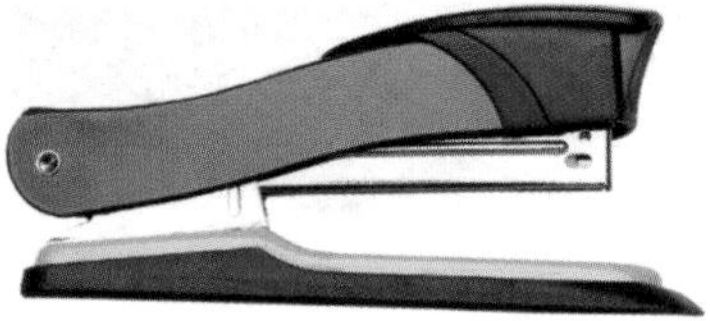

sticky tape
شريط لاصق
shereeT laaSeq

stapler
دباسة
dabaasa

staples
دبابيس
dabaabees

FOOD AND DRINK

apple juice
عصير التفاح
'aSeer at-tufaaH

grapefruit juice
عصير جريب فروت
'aSeer jereeb feroot

orange juice
عصير البرتقال
'aSeer al-burtuqaal

tomato juice
عصير الطماطم
'aSeer aT-TamaaTem

coffee
قهوة
qahwa

milk
حليب
Haleeb

tea
شاي
shaay

with lemon
بالليمون
bel-laymoon

water
ماء
maa'

with milk	بالحليب	bel-Haleeb
black	سادة	saada

decaffeinated	منزوعة الكافيين	manzu'at al-kaafeyeen
fruit juice	عصير الفاكهة	'aSeer al-faakeha

bacon
لحم خنزير مقدد
laHm khanzeer muqadad

banana
موز
mawz

berries
توت
toot

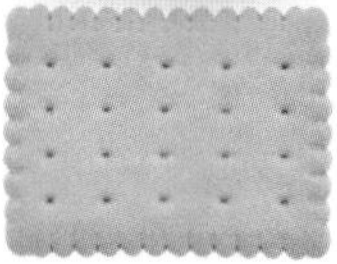

biscuit
بسكويت
baskweet

blueberries
توت بري
Toot barrey

bread
خبز
khubz

jam
مربى
murabba

butter
زبدة
zubda

cereal
حبوب
Huboob

cheese
جبن
jubn

cottage cheese
جبن القريش
jubn al-quraysh

doughnut
دونات
dunaat

egg
بيض
bayD

ham
لحم مصنع
laHm muSana'

honey
عسل
'asal

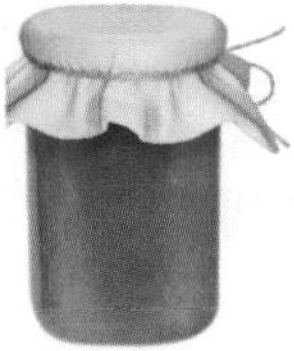

marmalade
مرملاد
meramelaad

omelette
بيض مقلي
beeD maqley

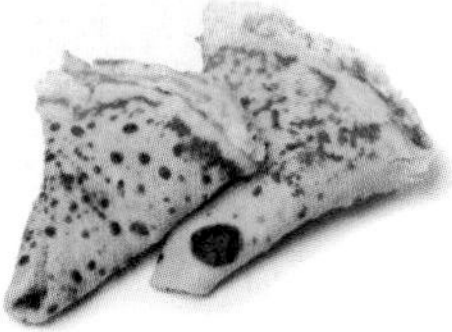

pancake
فطيرة
faTeera

peanut butter
زبدة الفول السوداني
zubdat al-fool as-soodaaney

sandwich
شطيرة
shaTeera

sausage
سجق
sujuq

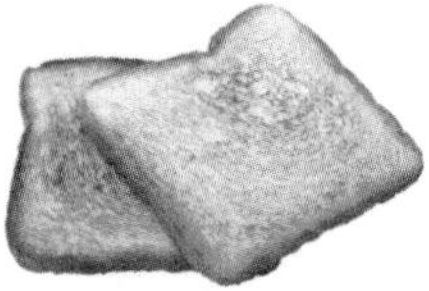

toast
خبز محمص
Khobz muHamaS

waffle
ويفر
weefar

yoghurt
زبادي
zabaadey

breakfast
فطور
fuToor

brunch
غداء
ghadaa'

porridge
عصيدة
'aSeeda

scrambled eggs
بيض مخفوق
beeD makhfooq

hard-boiled egg
بيض مسلوق جيدا
beeD maslooq jayedan

soft-boiled egg
بيض نصف مسلوق
beeD neSf maslooq

What do you eat for breakfast?	ماذا تأكل على الفطور؟	madhaa ta'kul 'ala al-fuToor?
When do you have breakfast?	متى تتناول الفطور؟	mata tatanaawal al-fuToor?
When does breakfast start?	متى يبدأ الفطور؟	mata yabda' al-fuToor?
What would you like to drink?	ماذا تحب أن تشرب؟	madhaa tuHeb an tashrab?
I would like a white tea.	أريد أن أطلب شايا أبيضا	oreed an aTlub shaayan abyaDan

bacon
لحم خنزير مقدد
laHm khanzeer muqadad

beef
لحم بقري
laHm baqarey

chicken
دجاج
dajaaj

duck
بط
baT

ham
لحم مصنع
laHm muSana'

kidneys
الكلية
al-kelya

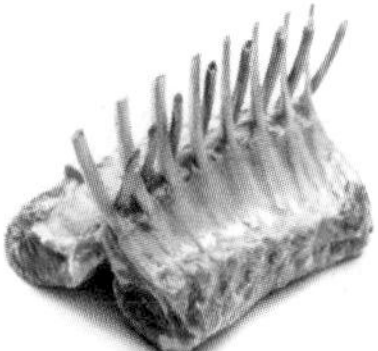

lamb
لحم خروف
laHm kharoof

liver
كبد
kabed

mince
لحم مفروم
laHm mafroom

pâté
معجون اللحم
ma'joon al-laHam

salami
سلامى
salaamey

meat
لحم
laHm

rabbit
أرنب
arnab

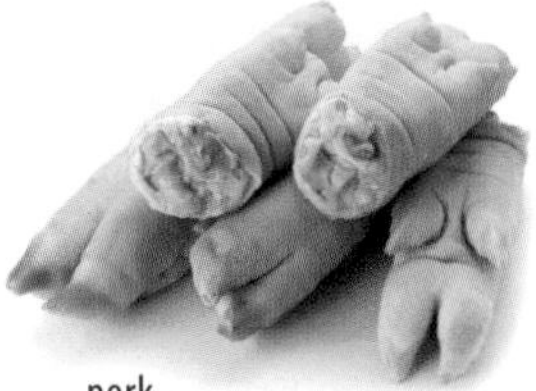

pork
لحم خنزير
laHm khenzeer

sausage
سجق
sujuq

turkey
ديك رومي
deek roomey

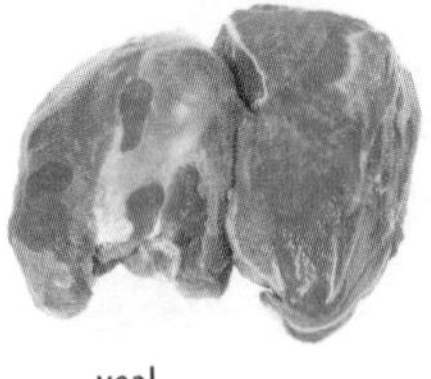

veal
لحم عجل
laHm ‹ejel

fruits
فواكه
fawakeh

apple
تفاح
tufaaH

apricot
مشمش
meshmesh

banana
موز
mawz

blackberry
توت أسود
toot aswad

blackcurrant
كشمش أسود
kashmash aswad

blueberry
توت بري
Toot barrey

cherry
كرز
karz

coconut
جوز الهند
jawz al-hend

fig
تين
teen

grape
عنب
'enab

grapefruit
جريب فروت
jereeb feroot

kiwi fruit
فاكهة الكيوي
faakehat al-keewey

lemon
ليمون
laymoon

lime
الليم
al-laym

mango
مانجو
maanjoo

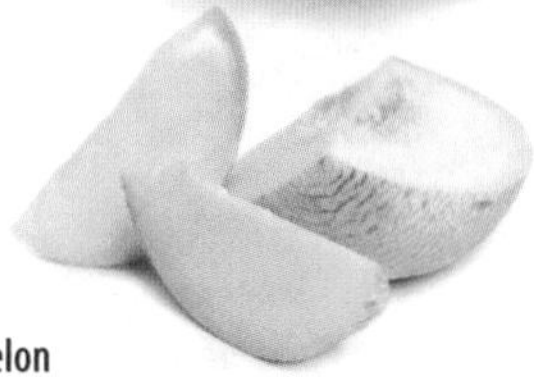

melon
شمام
shamaam

orange
برتقال
burtuqaal

peach
خوخ
khookh

pear
كمثرى
kummathra

lychee
ليتشي
leetsheeh

clementine
كلمنتينا
kelementeenaa

papaya
باباظ
baabaaZ

pineapple
أناناس
anaanaas

watermelon
بطيخ
baTeekh

kumquat
كمكوات
kamkawaat

raspberry
توت احمر
toot aHmar

plum
برقوق
barqooq

nectarine
دراق
duraaq

persimmon
كاكي
kaakee

redcurrant
كشمش أحمر
kashmash aHmar

rhubarb
راوند
raawend

pomegranate
رمان
romaan

strawberry
فراولة
faraawela

passion fruit
فاكهة العاطفة
faakehat al-'aaTefa

vegetables
خضروات
khuDrawaat

artichoke
خرشوف
kharshoof

asparagus
هليون
heleeoon

avocado
أفوكادو
afookaadoo

beansprouts
فاصوليا مبرعمة
faaSoolyaa mobar'ama

beetroot
بنجر
banjar

broccoli
بروكلي
burookuley

Brussels sprouts
ملفوف كرنب
malfoof kurunb

cabbage
كرنب
kurunb

aubergine
باذنجان
baadhenjaan

carrot
جزر
jazar

cauliflower
قرنبيط
qarnabeeT

celery
كرفس
karafs

courgette
كوسة
koosa

cucumber
خيار
kheyaar

garlic
ثوم
thawm

ginger
زنجبيل
zanjabeel

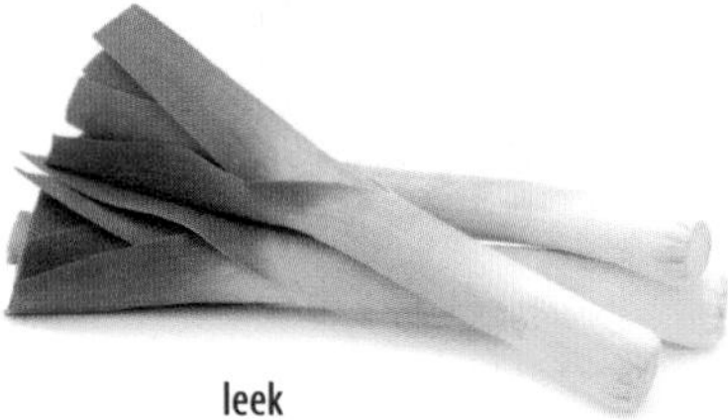

leek
كراث
kuraath

lettuce
خس
khas

mushroom
عيش الغراب
'eesh al-ghuraab

onion
بصل
baSal

peas
بازلاء
baazelaa'

potato
بطاطس
baTaaTes

pumpkin
يقطين
yaqTeen

spinach
سبانخ
sabaanekh

radish
فجل
fejel

sweetcorn
ذرة حلوه
dhura Helwah

tomato
طماطم
TamaaTem

spring onion
بصل أخضر
baSal AkhDar

red pepper
فلفل احمر
felfel aHmar

green beans
فاصوليا خضراء
faaSoolyaa khadraa'

chicory
هندباء
hendbaa'

turnip
لفت
left

cuttlefish
حبار
Habaar

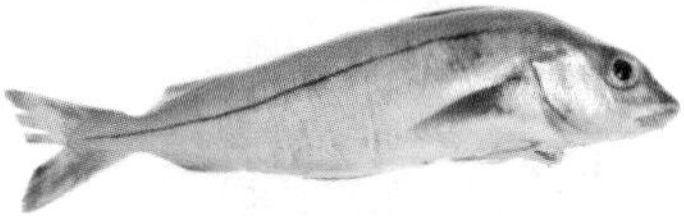

haddock
حدوق
Hadooq

lemon sole
سمك موسى
samak moosay

halibut
هلبوت
helboot

mackerel
ماكريل
maakreel

monkfish
سمك منك
samak menk

mussels
بلح البحر
balaH al-baHr

sardine
سردين
sardeen

sea bass
قاروس
qaaroos

sea bream
دنيس
denees

swordfish
أبو سيف
aboo seef

trout
السلمون المرقط
as-salamoon al-muraqat

crab
سلطعون
salTa'oon

crayfish
سرطان البحر
saratan al-baHr

lobster
استاكوزا
istaakoozaa

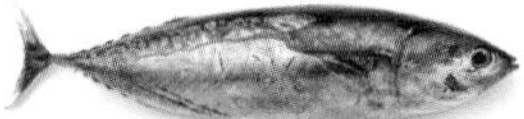

tuna
تونة
toona

octopus
أخطبوط
okhTubooT

oyster
محار
maHaar

prawn / shrimp
جمبري
jambarey

scallop
محار صدفي
maHaar Sadafey

salmon
سالمون
saalamoon

squid
السبيدج
as-sabeedaj

fish	سمك	samak
cleaned	منظف	munaZaf
fresh	طازج	Tazej
frozen	مجمد	mujamad
salted	مملح	mumalaH
skinned	مسلوخ	maslookh
smoked	مدخن	mudakhan

goat's cheese	جبن الماعز	jubn al-maa'ez
margarine	سمن	samn
full-fat milk	حليب كامل الدسم	Haleeb kaamel ad-dasam
semi-skimmed milk	حليب نصف دسم	Haleeb neSf dasam

skimmed milk	حليب منزوع الدسم	Haleeb manzoo' ad-dasam
sour cream	كريمة حامضة	kereema HaameDa
yoghurt	زبادي	zabaadey
crème fraîche	كريمة طازجة	Kareema Taazaja

baguette
خبز فرنسي
khubz ferensey

bread rolls
خبز صغير
khubz Sagheer

brown bread
خبز أسمر
khubz asmar

cake
كعكة
ka›aka

loaf
رغيف
ragheef

white bread
خبز أبيض
khubz abyad

garlic bread	خبز الثوم	khubz ath-thawm	quiche	كيش	keesh
pastry	معجنات	mu'ajanaat	sliced loaf	شرائح خبز	sharaa'eH khubz
pitta bread	خبز شامي	khubz shaamey	sponge cake	كعكة اسفنجية	ka›aka isfenjeya

ketchup
كاتشب
kaatshab

mayonnaise
مايونيز
maayooneez

mustard
خردل
khardal

vinegar
خل
khal

salt
ملح
malH

pepper
فلفل
fulful

basil	ريحان	reHaan
chilli powder	مسحوق الشطة	masHooq ash-shaTa
chives	ثوم معمر	thoom mu'amar
cinnamon	قرفة	qerfa
coriander	كزبرة	kuzbara
cumin	كمون	kamoon
curry	كاري	kaarey
dill	شبت	shabat
nutmeg	جوزة الطيب	juzat aT-Teeb

paprika	بابريكا	baabreekaa
parsley	بقدونس	baqdoones
rosemary	إكليل الجبل	ikleel al-jabal
saffron	زعفران	za'faraan
sage	ميرمية	meremeya
salad dressing	تتبيلة السلطة	tatbeelat as-salaTa
spices	توابل	tawaabel
thyme	زعتر	za'tar
vinaigrette	صلصلة الخل	Salsat al-khal

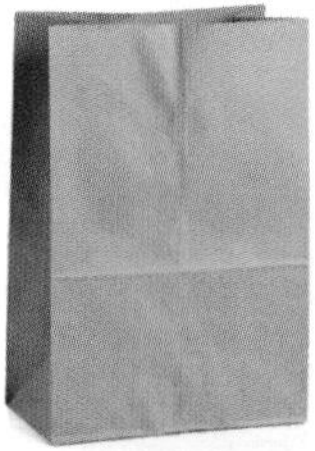

bag
كيس
kees

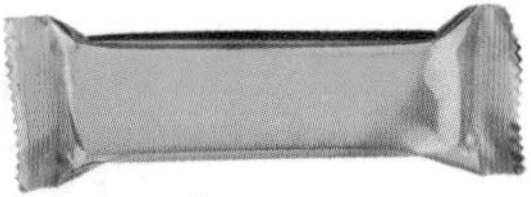

bar
لوح
looH

bottle
زجاجة
zujaaja

jar
برطمان
barTamaan

carton
كرتونة
kartoona

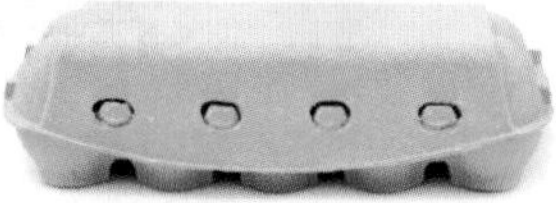

box
صندوق
Sandooq

pack
علبة
'elba

packet
حزمة
huzma

punnet
سلة
sala

a bag of potatoes	كيس بطاطس	kees baTaaTes
chocolate bar	لوح شوكولاتة	looH shokoolaata
two bottles of mineral water	زجاجتان من المياه المعدنية	zujaajataan men al-meyaah al-ma'daneya
a carton of milk	كرتونة حليب	kartoonat Haleeb
a jar of jam	برطمان مربى	barTamaan murabba

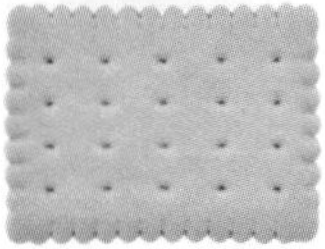

biscuit
بسكويت
baskaweet

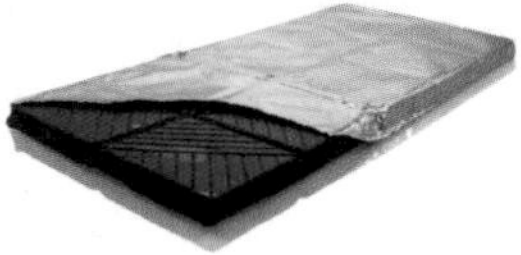

chocolate
شوكولاتة
shokoolaata

chocolate cake
كعكة الشوكولاتة
ka›akat al-shokoolaata

apple pie
فطيرة التفاح
faTeerat at-tufaaH

doughnut
دونات
doonaat

fruit cake
كعكة الفواكه
ka›akat al-fawaakeh

fruit salad
سلطة فواكه
salaTat fawaakeh

cheesecake
كعكة الجبنة
ka›akat al-jubna

gingerbread
كعك زنجبيل
ka'k zanjabeel

ice cream
مثلجات
muthllajaat

muffin
كعك
ka'k

chocolate mousse
موس الشوكولاتة
moos al-shokoolaata

milkshake
ميلك شيك
meelk sheek

marshmallow
مرشملو/ خطمي
khuTamey/ marshmeloo

macaroon
مكرونة
makaroona

waffle
ويفر
weefar

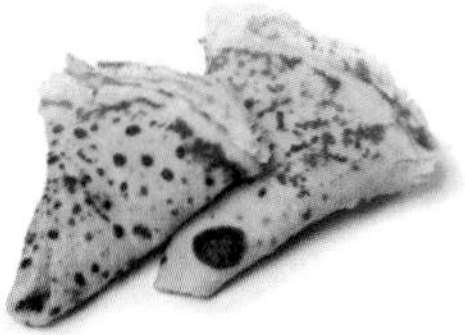

pancakes
بانكيك
baankeek

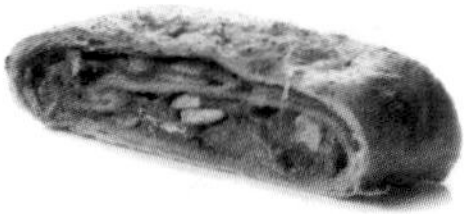

strudel
فطيرة
faTeera

pudding
بودنج
boodenj

honey
عسل
‘asal

cake	كعكة	Ka›aka
coconut cake	كعكة جوز الهند	Ka›akat jawz al-hend
dessert	حلوى	Halwaa
frozen yoghurt	زبادي مثلج	zabaadey muthalaj
rice pudding	بودينج الأرز	budeenj al-urz
I like to eat sweets.	أحب أكل الحلويات.	oHeb akl al-Halaweyaat
I cannot eat anything sweet.	لا أستطيع أكل أي شيء حلو.	laa astaTee‘ akl ay shee‘ Heloo

cheeseburger
هامبورجر بالجبن
haamboorjar bel-jubn

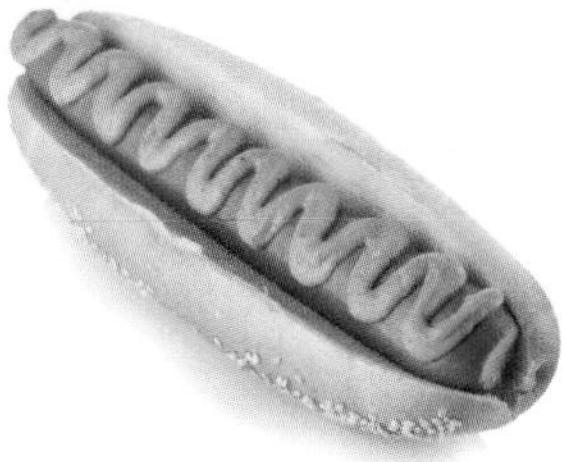

hot dog
هوت دوج
hoot dooj

fish sandwich
شطيرة سمك
shaTeerat samak

fried chicken
دجاج مقلي
dajaaj maqley

French fries
بطاطس مقلية
baTaaTes maqleya

nachos
ناتشو
naatshoo

taco
تاكو
taakoo

burrito
بوريتو
booreetoo

pizza
بيتزا
betzaa

hamburger
هامبورجر
haamboorjar

chicken sandwich
شطيرة دجاج
shaTeerat dajaaj

fish and chips
سمك وبطاطس مقلية
samak wa baTaaTes maqleya

to peel	يقشر	yuqasher
to grate	يبشر	yabshur
to chop	يقطع	yuqaTe'
to crush	يسحق	yashaq
to beat	يضرب	yaDreb
to grease	يدهن	yadhen
to break	يكسر	yaksar
to stir	يحرك	yuHarrek
to knead	يعجن	ya'jen
to steam	يسوي على البخار	yusawey 'alaa al-bukhaar
to weigh	يزن	yazen
to add	يضيف	yuDeef
to bake	يخبز	yakhbez
to stir-fry	يقلي سريعا	yaqley saree'an
to grill	يشوي	yashwey
to roast	يحمص	yuHameS
to barbecue	يشوي	yashwey
fritar	يقلي	yaqley

to wash
يغسل
yaghsel

to cut
يقطع
yaqT'

to mix
يخلط
yakhleT

to boil
يسلق
yasluq

bar
بار
baar

buffet
بوفيه
boofeeh

bill
فاتورة
faatooraa

bistro
حانه صغيره
Haana Sagheerah

café
قهوة
qahwa

dessert
حلوى
Halwa

menu
قائمة الطعام
qaa'emat aT-Ta'aam

canteen
مقصف
maqsaf

pizzeria
مطعم بيتزا
maT'am betzaa

pub
حانة
Haana

salad bar
منضدة السلطة
menDadat as-salaTa

deli
بقالة أطعمة جاهزة
beqaalat aT'ema jaaheza

self-service
خدمة ذاتية
khedma dhaateya

take-out / take-away
طعام سفري
Ta'aam safarey

waiter
نادل
naadel

waitress
نادلة
naadela

à la carte	أطباق منتقاة	aTbaaq muntaqaa
starter	مقبلات	muqabelaat
booking	حجز	Hajz
complimentary	مجاني	majaaney
dish	طبق	Tabaq
main course	الطبق الرئيسي	aT-Tabaq ar-ra'eesey
to order	يطلب	yaTlub
speciality	مخصوص	makhSooS
aperitif	فاتح شهية	faateH shaheya

What do you want to order?	ماذا تريد أن تطلب؟	madhaa tureed an taTlob?
I would like to see the menu.	أريد أن أرى قائمة الطعام	oreed an aray qaa'emat aT-Ta'aam
We'll take the set menu.	سنأخذ القائمة المحددة.	sana'khuz al-qaa'ema al-muHadada

TRAVEL AND LEISURE

to travel by bus
يسافر بالحافلة
yusafer be-alhafela

to travel by plane
يسافر بطائرة
yusafer be-Ta'era

to travel by car
يسافر بسيارة
yusafer be-sayaara

to travel by bicycle
يسافر بدراجة
yusafer be-daraaja

to travel by motorcycle
يسافر بدراجة نارية
yusafer be-daraaja naareya

travel agency
وكالة سفريات
wekalat safareyaat

family holiday
عطلة عائلية
'oTla 'aa'eleya

safari
سفاري
safaarey

honeymoon
شهر عسل
shahr 'asal

beach holiday
عطلة شاطئية
'oTla shaaTe'eya

round-the-world trip
جولة حول العالم
jawla Hawl al-'aalam

cruise
رحلة بحرية
reHlah baHareya

to book
يحجز
yaHjez

long-haul destination
وجهة بعيدة المدى
wejha ba'edah al-maday

guided tour
جولة مع مرشد
jawla ma'a murshed

out of season
خارج الموسم
khaarej al-moosem

picturesque village
قرية خلابة
qarya khalaaba

landscape
مناظر طبيعية
manaazer Tabee'eya

to go sightseeing
يذهب لمشاهدة معالم المدينة
yadhhab le-moshaahadah ma'aalem al-madeenah

city break
إستراحة المدينة
isteraaHa al-madeena

holiday brochure	كتيب عطلة	kotaeeb 'oTla
holiday destination	وجهة العطلة	weghat al-'oTla
package tour	رحلة شاملة	reHla shaamela
places of interest	الأماكن الهامة	al-amaaken al-haamah
short break	استراحة قصيرة	isteraaHa qaSeera
tourist attractions	جذب سياحي	jadhb seyaaHey
tourist trap	فخ للسائح	fakh les-saa'eH

Afghanistan
أفغانستان
afghaanestaan

Angola
أنجولا
anjoolaa

Aruba
أروبا
aroobaa

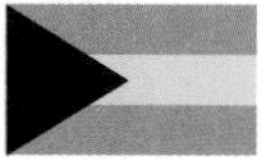
The Bahamas
جزر البهاما
juzur al-bahaamaa

Belarus
بيلاروسيا
belaroosya

Albania
ألبانيا
albaanyaa

Antigua and Barbuda
أنتيجوا و بربودا
anteejwaa wa barboodaa

Australia
أستراليا
ostraalyaa

Bahrain
البحرين
al-baHreen

Belgium
بلجيكا
beljeekaa

Algeria
الجزائر
al-jazaa'er

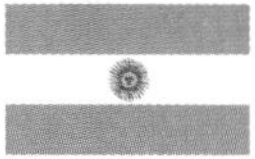
Argentina
الأرجنتين
al-arjanteen

Austria
النمسا
an-nemsaa

Bangladesh
بنغلاديش
banghlaadeesh

Belize
بليز
beleez

Andorra
أندورا
andooraa

Armenia
أرمينيا
armeenyaa

Azerbaijan
أذربيجان
adhrebeejaan

Barbados
بربادوس
berbaadoos

Benin
بنين
beneen

Bhutan
بوتان
bootaan

Brazil
البرازيل
Al-baraazeel

Burma
بورما
boormaa

Canada
كندا
kanadaa

Chile
تشيلي
tesheeley

Bolivia
بوليفيا
booleefyaa

Brunei
بروناي
broonaay

Burundi
بروندي
beroondey

Cape Verde
الرأس الأخضر
ar-ra's al-akhDar

China
الصين
aS-Seen

Bosnia and Herzegovina
البوسنة والهرسك
al-boosnah w al-harsak

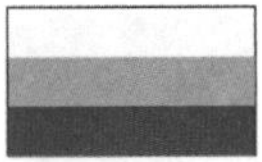

Bulgaria
بلغاريا
belghaaryaa

Cambodia
كامبوديا
kaamboodyaa

Central African Republic
جمهورية افريقيا الوسطى
jumhooreyah afreeqyah al-wosTay

Colombia
كولومبيا
kooloombeyaa

Botswana
بوتسوانا
bootswaanaa

Burkina Faso
بوركينا فاسو
boorkeenaa faasoo

Cameroon
كاميرون
kaameeroon

Chad
تشاد
teshaad

Comoros
جزر القمر
juzur al-qamar

Democratic Republic of the Congo
جمهورية الكونغو الديموقراطية
jumhooreyat al-koonghoo ad-deemooqraaTeyah

Republic of the Congo
جمهورية الكونغو
jumhooreyat al-koonghoo

Costa Rica
كوستاريكا
koostaareekaa

Côte d'Ivoire
ساحل العاج
Sahel Al-'aaj

Croatia
كرواتيا
kurwateyaa

Cuba
كوبا
koobaa

Curacao
كوراساو
kooraasaaw

Cyprus
قبرص
qubrus

Czechia
التشيك
At-tesheek

Denmark
الدنمارك
Ad-denemaark

Djibouti
جيبوتي
jeebootey

Dominica
دومينيكا
doomeeneekaa

Dominican Republic
جمهورية الدومنيكان
jumhooreyat doomeeneekaan

East Timor
تيمور الشرقية
teemoor ash-sharqeya

Ecuador
الإكوادور
al-ikwadoor

Egypt
مصر
maSr

El Salvador
السلفادور
al-salfaadoor

Equatorial Guinea
غينيا الإستوائية
gheeneyaa al-istwaa'eyah

Eritrea
إريتريا
iretreyaa

Estonia
استونيا
astoonyaa

France
فرنسا
faransaa

Germany
ألمانيا
almaanyaa

Guatemala
جواتيمالا
juwaateemaalaa

Haiti
هايتي
haaeetey

Ethiopia
أثيوبيا
athyoobyaa

Gabon
الجابون
al-jaaboon

Ghana
غانا
ghaanaa

Guinea
غينيا
gheeneyaa

Honduras
هندوراس
hunooraas

Fiji
فيجي
feejey

The Gambia
زامبيا
zaambeyaa

Greece
اليونان
al-yoonaan

Guinea-Bissau
غينيا بيساو
gheeneyaa beesaaw

Hong Kong
هونج كونج
hoong koong

Finland
فنلندا
fenlandaa

Georgia
جورجيا
joorjeyaa

Grenada
جرينادا
jereenaadaa

Guyana
جيانا
jeyaanaa

Hungary
المجر
al-majar

Iceland
أيسلندا
ayeslandaa

Iraq
العراق
al-'eraaq

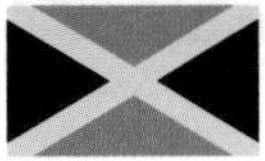
Jamaica
جامايكا
jaamaaykaa

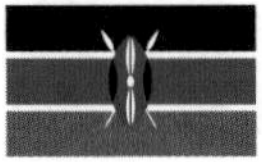
Kenya
كينيا
keenyaa

Kosovo
كوسوفو
koosoofoo

India
الهند
al-hend

Ireland
أيرلندا
ayerlandaa

Japan
اليابان
al-yaabaan

Kiribati
كيريباتي
keereebaatey

Kuwait
الكويت
al-kuweet

Indonesia
إندونيسيا
indooneesyaa

Israel
إسرائيل
israa'eel

Jordan
الأردن
al-urdun

North Korea
كوريا الشمالية
kooryaa ash-shamaaleya

Kyrgyzstan
قيرجيزستان
qeerjeezstaan

Iran
إيران
ieeraan

Italy
إيطاليا
ieeTaalyaa

Kazakhstan
كازاخستان
kaazaakhestaan

South Korea
كوريا الجنوبية
kooryaa al-janoobeya

Laos
لاوس
laawos

Latvia
لاتفيا
laatefyaa

Libya
ليبيا
leebyaa

Macau
ماكاو
maakaaw

Malaysia
ماليزيا
maaleezyaa

Marshall Islands
جزر مارشال
juzur maarshaal

Lebanon
لبنان
lubnan

Liechtenstein
ليختنشتاين
leekhtenshtaaeen

Macedonia
مقدونيا
maqdoonyaa

Maldives
جزر المالديف
juzur al-maaldeef

Mauritania
موريتانيا
mooreetaanyaa

Lesotho
ليسوتو
leesootoo

Lithuania
ليتوانيا
leetwaanyaa

Madagascar
مدغشقر
madghashqar

Mali
مالي
maaley

Mauritius
موريشيوس
mooreeshyoos

Liberia
ليبيريا
leebeeryaa

Luxembourg
لوكسمبورج
looksumboorj

Malawi
مالاوي
maalaawee

Malta
مالطا
maalTaa

Mexico
المكسيك
al-mekseek

Micronesia
ميكرونيسيا
meekrooneesyaa

Montenegro
الجبل الأسود
al-jabal al-aswad

Nauru
ناورو
naawroo

Nicaragua
نيكاراجوا
neekaaraajwaa

Oman
عمان
'umaan

Moldova
مولدوفيا
mooldoofyaa

Morocco
المغرب
al-maghreb

Nepal
نيبال
neebaal

Niger
النيجر
an-nayjar

Pakistan
باكستان
baakestaan

Monaco
موناكو
moonaakoo

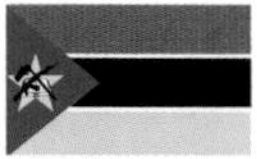

Mozambique
موزمبيق
moozambeeq

Netherlands
هولندا
hoolandaa

Nigeria
نيجيريا
nayjeeryaa

Palau
بالاو
baalaaw

Mongolia
مانغوليا
maanghpplyaa

Namibia
ناميبيا
naameebyaa

New Zealand
نيوزلندا
neeoozelandaa

Norway
النرويج
an-nurweej

Palestinian Territories
الأراضي الفلسطينية
al-araaDey al-falasTeeneya

Panama
بنما
banamaa

Papua New Guinea
بابوا غينيا الجديدة
baabooaa gheeneyaa al-jadeeda

Paraguay
باراجواي
baaraajwaay

Peru
بيرو
beeroo

Philippines
الفلبين
al-felebeen

Poland
بولندا
boolandaa

Portugal
البرتغال
al-burtughaal

Qatar
قطر
qaTar

Romania
رومانيا
Roomaanyaa

Russia
روسيا
roosyaa

Rwanda
رواندا
ruwaandaa

Saint Lucia
سانت لوسيا
saant looseyaa

Samoa
ساموا
saamoo

San Marino
سان مارينو
saan maareenoo

Saudi Arabia
السعودية
as-sa'oodeyah

Senegal
السنغال
as-senghaal

Serbia
صربيا
Serbeyaa

Seychelles
سيشيل
seesheel

Sierra Leone
سيرا ليون
seeraa leeoon

Singapore
سنغافورة
senghaafoorah

Solomon Islands
جزر سليمان
juzur sulaymaan

Sri Lanka
سيريلانكا
seereelaankaa

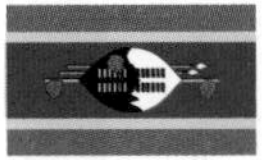

Swaziland
سوازيلاند
swaazeelaand

Taiwan
تايوان
taaywaan

Sint Maarten
سانت مارتن
saant maarten

Somalia
الصومال
aS-Soomaal

Sudan
السودان
as-soodaan

Sweden
السويد
as-seweed

Tajikistan
طاجيكستان
Taajeekestaan

Slovakia
سلوفاكيا
sloofaakyaa

South Africa
جنوب أفريقيا
janoob afreeqyaa

South Sudan
جنوب السودان
janoob as-soodaan

Switzerland
سويسرا
seweesraa

Tanzania
تنزانيا
tanzaanyaa

Slovenia
سلوفينيا
sloofeenyaa

Spain
أسبانيا
asbaaneyaa

Suriname
سورينام
sooreenaam

Syria
سوريا
sooryaa

Thailand
تايلاند
taaylaand

Togo
توجو
toojoo

Turkey
تركيا
turkeyaa

Ukraine
أوكرانيا
uokraanyaa

Uruguay
أورجواى
uorujwaay

Vietnam
فيتنام
feytnaam

Tonga
تونجا
toonjaa

Turkmenistan
توركمنستان
toorkumenestaan

United Arab Emirates
الإمارات العربية المتحدة
al-imaaraat al-'arabeya al-mutaHeda

Uzbekistan
أوزبكستان
uozbakestaan

Yemen
اليمن
al-yaman

Trinidad and Tobago
ترينداد و توباجو
tereendaad wa toobaajoo

Tuvalu
توفالو
toofaaloo

United Kingdom
المملكة المتحدة
Al-mamlaka al-mutaHeda

Vanuatu
فانواتو
faanuwaatoo

Zambia
زامبيا
zaambeyaa

Tunisia
تونس
toones

Uganda
أوغندة
uoghandah

United States of America
الولايات المتحدة الأمريكية
al-welaayaat al-mutaHeda al-amreekeya

Venezuela
فنزويلا
fenzweelaa

Zimbabwe
زيمبابوى
zeembaabwee

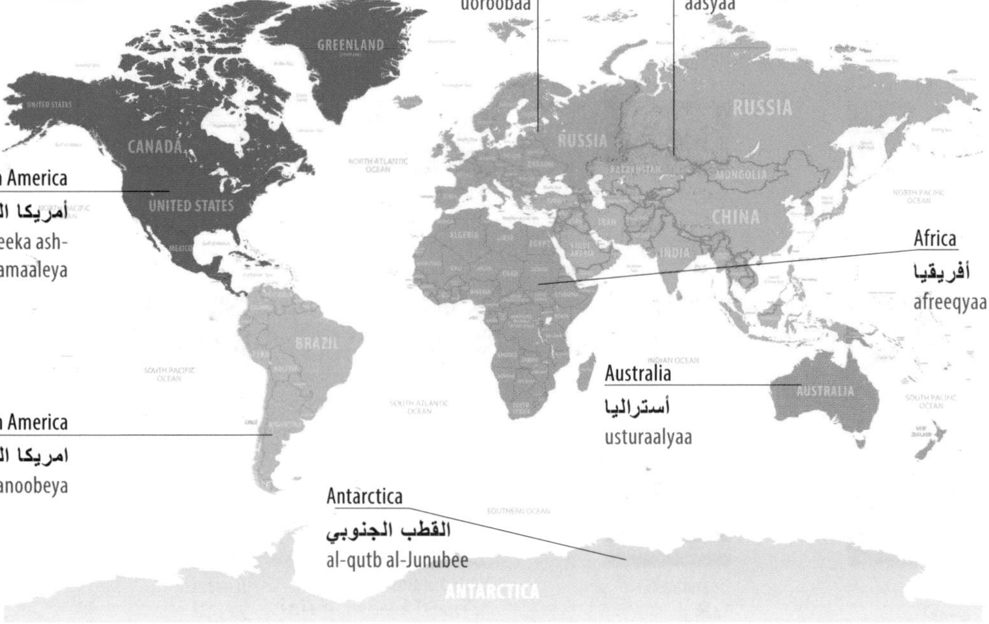
Europe
أوروبا
uoroobaa
Asia
آسيا
aasyaa
North America
أمريكا الشمالية
amereeka ash-shamaaleya
Africa
أفريقيا
afreeqyaa
Australia
أستراليا
usturaalyaa
South America
امريكا الجنوبية
amereeka al-janoobeya
Antarctica
القطب الجنوبي
al-qutb al-Junubee
ARCTIC OCEAN
GREENLAND
CANADA
UNITED STATES
NORTH ATLANTIC OCEAN
RUSSIA
KAZAKHSTAN
MONGOLIA
CHINA
INDIA
NORTH PACIFIC OCEAN
BRAZIL
SOUTH PACIFIC OCEAN
SOUTH ATLANTIC OCEAN
INDIAN OCEAN
AUSTRALIA
SOUTHERN OCEAN
ANTARCTICA

bus stop
موقف الحافلة
mawqaf al-Hafela

platform
رصيف
RaSeef

(aero)plane
طائرة
Taa'erah

moped / scooter
دراجة / سكوتر
daraaja/ skootar

bicycle
دراجة
daraajah

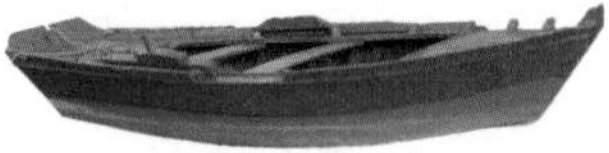

boat
قارب
qaareb

bus
حافلة
Hafela

ship
سفينة
safeenah

car
سيارة
sayaarah

helicopter
هليكوبتر
heleekoobtar

lorry
شاحنة
shaaHenah

tanker
ناقلة
naaqela

kid's scooter
سكوتر اطفال
skootar aTfaal

(motor)bike
دراجة نارية
daraaja naareya

train
قطار
qeTaar

taxi
سيارة أجرة
sayarat ujrah

ferry
عبارة
abbara

submarine
غواصة
ghawaaSa

sailing boat
قارب شراعي
qaareb sheraa'ey

tram
ترام
teraam

by air	جوا	jawan
on the motorway	على الطريق السريع	'alaa aT-Tareeq as-saree'
on the road	على الطريق	'alaa aT-Tareeq
by sea	بحرا	bahran

in the port	في الميناء	fee al-meenaa'
by rail	عن طريق السكك الحديدية	'an Tareeq al-sekal al-Hadeedeya
by tube / underground	مترو الانفاق	metroo al-anfaaq
on foot	سيرا على الاقدام	sayran 'ala al-aqdaam

airport
مطار
maTaar

arrivals
الوصول
al-woSool

departures
المغادرة
al-mughaadarah

luggage
أمتعة
amte'a

carry-on luggage
حقائب محمولة
Haqaa'eb maHmoola

oversized baggage
الأمتعة كبيرة الحجم
al-amte'a kabeera al-Hajm

check-in desk
استقبال المسافرين
isteqbaal al-musafereen

customs
الجمارك
al-jamarek

baggage reclaim
استعادة الأمتعة
iste'aadah al-amte'a

boarding pass
بطاقة الصعود
beTaaqa aS-Su'ood

flight ticket
تذكرة طيران
tadhkara Tayaraan

economy class
درجة اقتصادية
Daraja iqteSaadeya

business class
درجة رجال الأعمال
daraja rejaal al-‘maal

arrivals lounge
صالة القادمين
Saala al-qaademeen

delayed
متأخرة
muta’akhira

to board a plane
يصعد إلى الطائرة
yaS ‘ad ilaa aT-Taa’era

gate
بوابة
bawaaba

passport
جواز سفر
jawaaz safar

passport control
مراقبة جوازات السفر
muraaqaba jawaazaat as-safar

security check
فحص أمني
faHS amney

airline	شركة طيران	shareka Tayaraan
boarding time	وقت الصعود	waqt aS-Su‘ood
charter flight	الطيران العارض	aT-Tayaraan al-‘aareD
on time	في الموعد المحدد	fee al-maw’id al-muHaddad
one-way ticket	تذكرة ذهاب	tadhkarat dhahaab
return ticket	تذكرة عوده	tadhkara ‘awda

long-haul flight	الطيران لمسافات طويلة	aT-Tayaraan le-masaafaat Taweela
The flight has been delayed.	تم تأخير الرحلة	tam ta’kheer al-rahla
to book a ticket to…	يحجز تذكرة إلى	yaHjez tadhkara ilaa

railway station
محطة قطار
maHaTa qeTaar

train
قطار
qeTaar

platform
رصيف
raSeef

express train	قطار سريع	qeTaar saree'
to get on the train	يركب القطار	yarkab al-qeTaar
to get off the train	ينزل من القطار	yanzel men al-qeTaar
to miss a train	يفوت القطار	yufawet al-qeTaar

train driver
سائق القطار
saa'eq al-qeTaar

travelcard
بطاقة سفر
beTaaqat safar

carriage
عربة
araba

seat
مقعد
meq'ad

train journey
رحلة قطار
reHla qeTaar

station
محطة
maHaTa

restaurant car
عربة المطعم
'arabat al-maT'am

sleeper train
قطار النوم
qeTaar an-noom

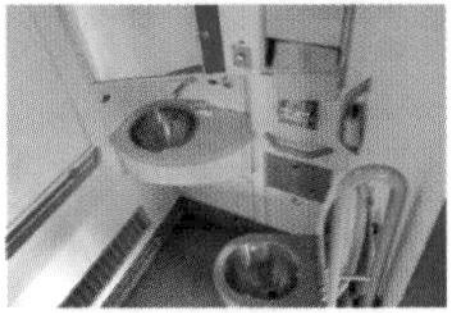

toilet
حمام
Hamaam

coach
حافلة
Hafela

bus driver
سائق الحافلة
saa'eq al-hafela

bus stop
موقف الحافلة
mawqaf al-Hafela

validator
فاحص التذاكر الإلكتروني
faaHeS al-tadhaaker al-ilektrooney

double-decker bus
الحافلة ذات الطابقين
al-Haafela zaat aT-Taabeqeen

bus journey
رحلة بالحافلة
reHlat utoobees

coach station
موقف الحافلات
mawqaf al-Hafelaat

request stop
طلب التوقف
Talab al-tawaquf

bus fare	أجرة الحافلة	ujrat al-Haafelah
the next stop	المحطة التالية	al-maHaTa at-taaleyah
night bus	الحافلة الليلية	al-Haafelah al-layleyah
to get on the bus	يركب الحافلة	yarkab al-haafelah
to get off the bus	ينزل من الحافلة	yanzel men al-haafelah
to miss a bus	يفوت الحافلة	yufawet al-haafelah

hotel
فندق
funduq

campsite
موقع المعسكر
mawqe' al-mu'askar

holiday resort
منتجع العطلات
muntaja' al-'uTlaat

youth hostel
بيت شباب
beet shabaab

accommodation	إقامة	Iqama
all-inclusive	شاملة	shaamela
half-board	نصف إقامة	neSf Iqama
full-board	إقامة كاملة	Iqama kaamela
self-catering	خدمة ذاتية	khedma dhaateya
Can you recommend a hotel?	هل بوسعك أن ترشح فندق؟	hal be-wes'ak an turasheH funduq?
We are staying at the hotel "XZ".	نقيم في فندق إكس زي.	nuqeem fee funduq ex zee
Have you already booked the hotel?	هل قمت بالفعل بحجز الفندق؟	hal qumt bel-fe'l be-Hajz al-funduq?
I'm looking for a place to stay.	أبحث عن مكان للإقامة.	abHath 'an makaan lel-iqaamah

bed and breakfast
غرفة مع افطار
ghurfa ma'ifTaar

single bed
سرير منفرد
sereer munfared

double bed
سرير مزدوج
Sereer muzdawaj

floor
أرضية
arDeya

front desk / reception
مكتب الاستقبال / الاستقبال
maktab al-isteqbaal / al-isteqbaal

hotel manager
مدير الفندق
mudeer al-funduq

indoor pool
مسبح داخلي
mesbaH daakheley

key
مفتاح
muftaaH

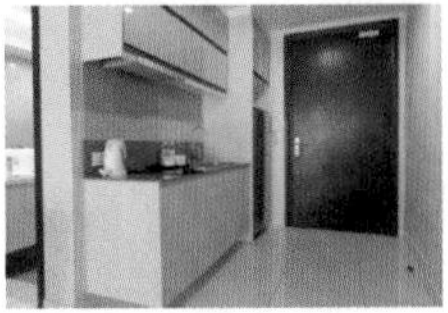

kitchenette
مطبخ صغير
maTbakh Sagheer

luggage cart
عربة الأمتعة
'arabah al-amte'a

towels
مناشف
manaashef

room service
خدمة الغرف
khedma al-ghuraf

lobby
بهو
bahoo

wake-up call
مكالمة إيقاظ
mukaalamat ieeqaaZ

reservation
حجز
Hajz

guest
ضيف
Dayf

check-in	النزول في الفندق	an-nuzool fee al-funduq
check-out	مغادرة الفندق	mughaadarat al-funduq
complimentary breakfast	إفطار مجاني	ifTaar majaaney
king-size bed	سرير ملكي	sareer malakee
late charge	غرامة تأخير سداد	gharaamat ta'kheer sadaad
full	كامل	kaamel
parking pass	تصريح ركن سيارات	taSreeH rakn sayaaraat
pay-per-view movie	فيلم بمشاهدة مدفوعة	feelm be-mushaahada madfoo'a
queen-size bed	سرير الملكة	sereer al-maleka
rate	سعر	se'er
vacancy	غرفة شاغرة	ghourfa shaaghera

city-centre / downtown
وسط المدينة
wasaT al-madeena

capital
عاصمة
'aaSema

centre
مركز
markaz

district
مقاطعة
muqaaTa'a

industrial zone
منطقة صناعية
menTaqa Senaa'eya

city
مدينة
madeena

metropolis
مدينة رئيسية
madeena ra'eeseya

region
إقليم
iqleem

seaside resort
منتجع بحري
muntaja' baHarey

old town
مدينة قديمة
madeena qadeema

ski resort
منتجع للتزلج
muntaja' let-tazaluj

small town
مدينة صغيرة
madeena Sagheera

suburb
ضاحية
DaaHeya

village
قرية
qareya

winter resort
منتجع شتوي
muntaja' shetwey

alley
زقاق
zuqaaq

boulevard
جادة
jaada

motorway
طريق سريع
Tareeq saree'

country road
طريق ريفي
Tareeq reefey

toll road
طريق برسم مرور
Tareeq be-rasm muroor

street
شارع
shaare'

bicycle lane
ممر دراجات
mamar daraajaat

bicycle path
طريق للدراجات
Tareeq led-daraajaat

crossroads / intersection
مفترق طرق / تقاطع
muftaraq Turuk/ taqaaTu'

traffic lights
إشارات المرور
ishaaraat al-muroor

red light
ضوء أحمر
Doo' aHmar

orange light
ضوء برتقالي
Doo' burtuqaaley

green light
ضوء أخضر
Doo' akhDar

roundabout
دوار
dooaar

pedestrian crossing
معبر مشاة
ma'bar mushaa

pavement
رصيف
raSeef

bridge
جسر
jesr

footbridge
جسر مشاة
jesr mushaa

overpass
جســــر علوي
jesr 'ulwee

underpass
ممر سفلي
mamar suflee

tunnel
نفق
nafaq

road
طريق
Tareeq

street corner
زاوية شارع
zaweyah shaare'

one-way street
شارع اتجاه واحد
shaare' itejaah waaHed

avenue	جادة	jaada
main road	طريق رئيسي	Tareeq ra'eesey
side street	شارع جانبي	shaare' jaanebee
expressway	طريق سريع	Tareeq saree'
four-lane road	طريق بأربعة حارات	Tareeq be-arba'at Haaraat
two-lane road	طريق ذو اتجاهين	Tareeq dhoo itjaaheen
fast lane	حارة المرور السريع	Haarat al-muroor as-saree'
left lane	حارة اليسار	Haarath al-yasaar
right lane	حارة اليمين	Haarat al-yameen
breakdown lane	حارة الأعطال	Haarat al-a'Taal

attractions
أماكن جذب
amaaken jazb

casino
كازينو
kaazeenoo

guide book
دليل السائح
daleel as-saa'eH

park
حديقة
Hadeeqa

guided tour
جولة سياحية بقيادة مرشد
jawla seyaaHeya be-qeyaadat murshed

information
معلومات
ma'loomaat

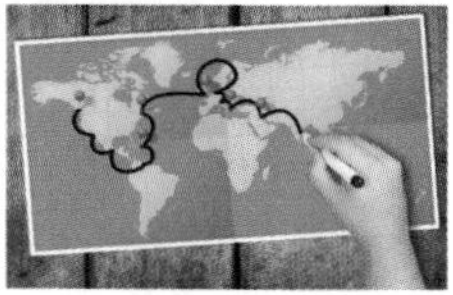

itinerary
مسار الرحلة
masaar ar-rihlaa

ruins
آثار
aathaar

monument
نصب
Nusub

museum
متحف
mutHaf

national park
متنزه وطني
muntazah waTaney

sightseeing
مشاهدة معالم المدينة
mushaahadat ma'aalem al-madeenah

souvenirs
تذكارات
tedhlaaraat

tour bus
حافلة سياحية
haafila seyaaHiya

tourist
سائح
saa'eH

entrance fee / price	رسم دخول	rasm dukhool
to buy a souvenir	يشتري هدية تذكارية	yashtarey hadeya tedhkaareya
to do a tour	يقوم بجولة	yaqoom be-jawla
tour guide	مرشد سياحي	murshed seyaHee

airport
مطار
maTaar

bank
بنك
bank

bus stop
موقف حافلة
mawqaf haafila

church
كنيسة
keneesa

cinema
سينما
senemaa

city / town hall
أمانة المدينة \ البلدية
amanat al-madeena / al-baladeya

department store
متجر متعدد الأقسام
matjar muta'aded al-aqsaam

factory
مصنع
maSna'

fire station
مركز إطفاء
markaz iTfaa'

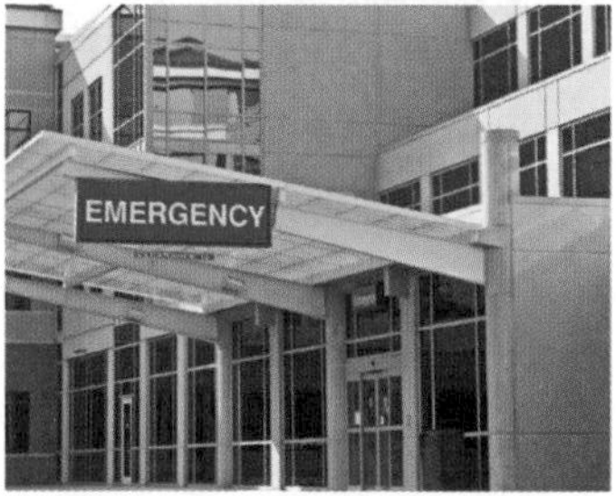

hospital
مستشفي
mustashfay

hotel
فندق
funduq

library
مكتبة
maktaba

theatre
مسرح
masraH

museum
متحف
mutHaf

parking area
موقف للسيارات
mawqef lil-sayaaraat

playground
ملعب
mal'ab

police station
قسم شرطة
qesm shurTa

post office
مكتب بريد
maktab bareed

prison
سجن
sejn

restaurant
مطعم
maT'am

school
مدرسة
madrasa

taxi stand
موقف سيارات الأجرة
mawqaf sayaaraat al-ujra

harbour
مرفأ
merfa'

square
ساحة
saaha

supermarket
سوبرماركت
subermaarket

railway station
محطة القطار
maHaTat al-qetaar

How do I get to the railway station?	كيف أصل إلى محطة القطار؟	kaeef asel ilaa maHaTat al-qitaar?
Where can I find a taxi?	أين يمكنني أن أجد سيارة أجرة؟	ayen yumkenuney an ajed sayaarah ujrah?

snorkel
أنبوب للتنفس تحت الماء
anboob let-tanafus taHat al-maa'

diving mask
قناع
qenaa'

swimming goggles
نظارات سباحة
naZaaraat sebaaHah

beach ball
كرة الشاطئ
kura ash-shaaTe'

hat
قبعة
quba'a

sunglasses
نظارة شمسية
naZaara shamseya

sunscreen
واقي من الشمس
waaqey men ash-shams

beach towel
منشفة الشاطئ
menshafah ash-shaaTe'

swimming cap
قبعة السباحة
quba'at as-sebaaHa

swimming costume
زي السباحة
zey as-sebaaHa

beach	شاطئ	shaaTe'
bikini	بيكيني	bekiinee
sun lounger	كراسي الشمس	karaasey ash-shams
to sunbathe	يأخذ حمام شمس	ya'khudh Hamaam shams
to swim	يسبح	yasbah

HEALTH

medicines
أدوية
adweya

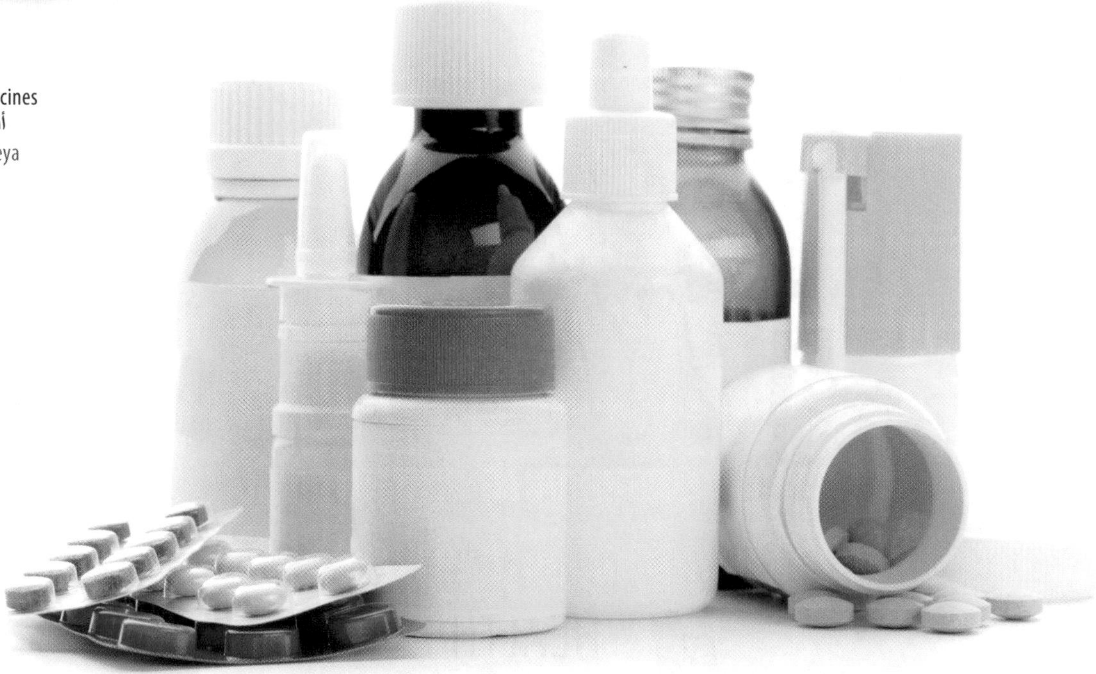

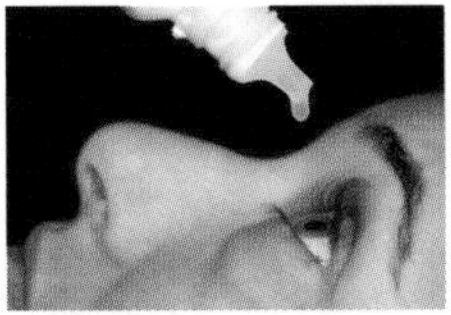

eye drops
قطرة للعين
qaTra lel-‘een

painkiller
مسكن
musaken

syrup
شراب
sharaab

to take medicine
يأخذ العلاج
ya’khudh al-‘elaaj

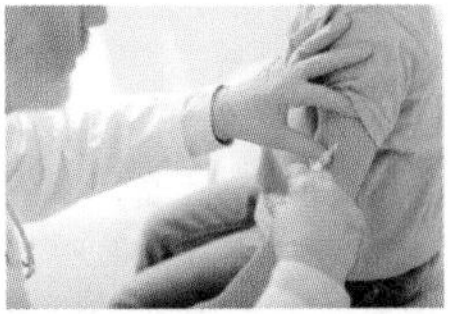

shot / injection
حقنة/ حقن
Huqna/ Haqn

sleeping pill
حبوب منومة
Heboob munawema

plaster
لصقة
laSeqa

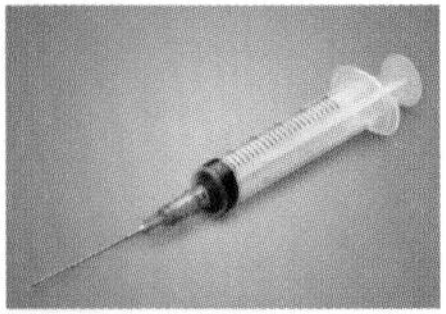

syringe
سرنجة
serenja

gauze
شاش
shaash

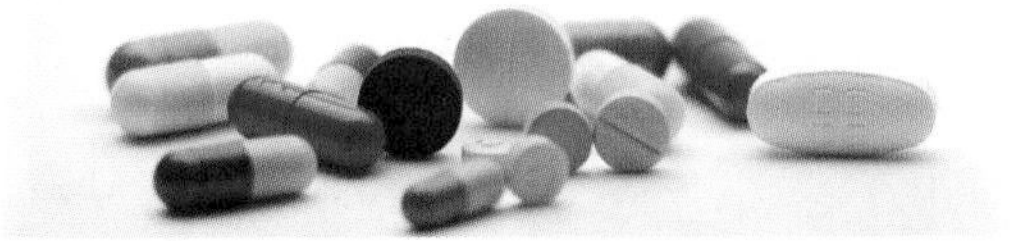

pill
حبة دواء
Habat dawaa’

tablet
حبة دواء
Habat dawaa’

ointment
مرهم
marHam

hospital
مستشفي
mustashfaa

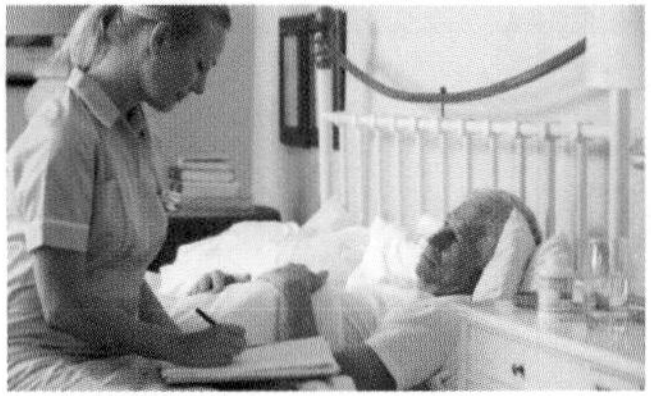

nurse
ممرضة
mumareDa

doctor / physician
طبيب
Tabeeb

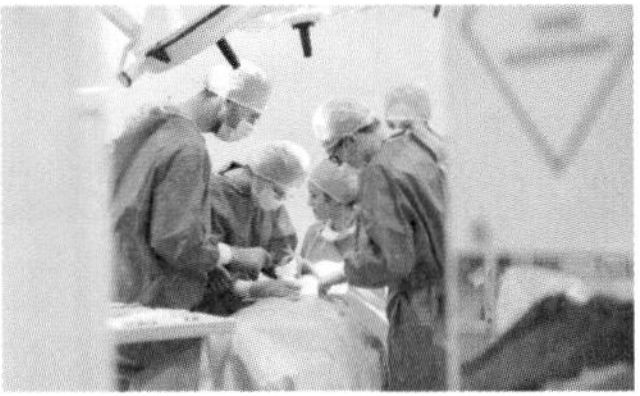

operation / surgery
عملية/ جراحة
'amaleya/ jeraaHah

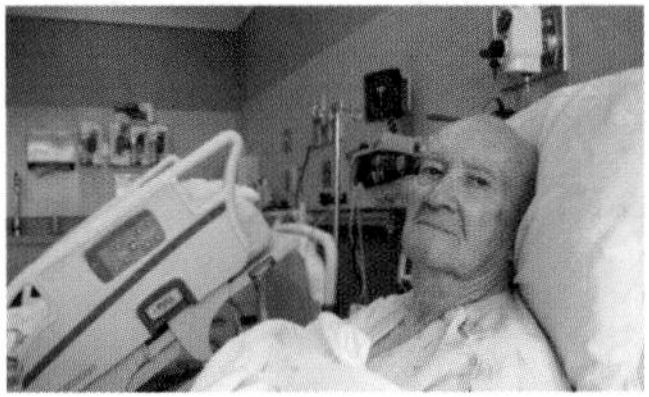

patient
مريض
mareeD

waiting room
غرفة الإنتظار
ghurfat al-inteZaar

check-up	فحص	faHS
diagnosis	تشخيص	tashkheeS
pharmacy / chemist's	صيدلي/ كيميائي	saydalee / keemiya'ee

prescription	وصفة طبية	waSfa Tebeyah
specialist	متخصص	mutakhaSeS
treatment	علاج	'elaaj

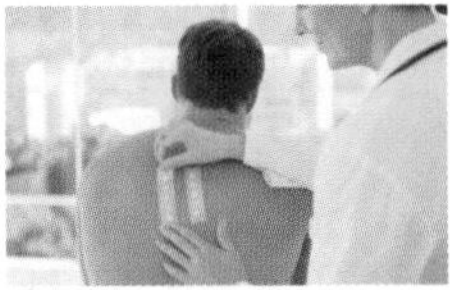

allergist
طبيب أمراض الحساسية
Tabeeb amraaD al-Hasaaseyah

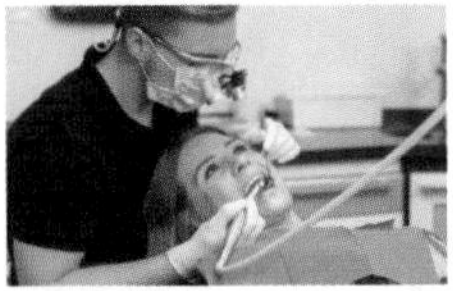

dentist
طبيب أسنان
Tabeeb asnaan

gynecologist
طبيب أمراض نساء
Tabeeb amraaD nesaa'

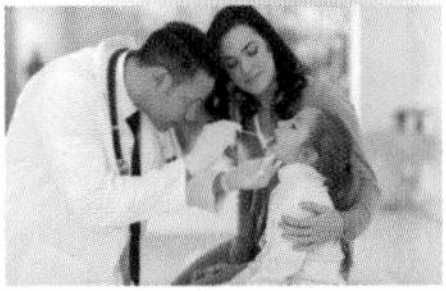

pediatrician
طبيب اطفال
Tabeeb aTfaal

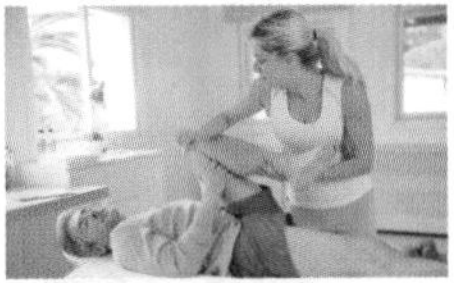

physiotherapist
أخصائي علاج طبيعي
akheSaa'ey 'elaaj Tabee'ey

midwife
قابلة
qaabela

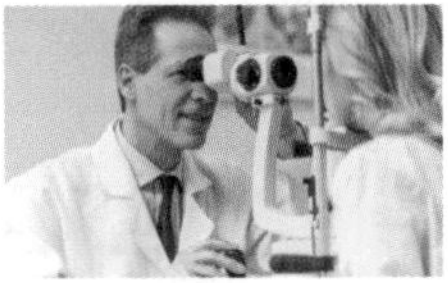

ophthalmologist
طبيب عيون
Tabeeb 'eyoon

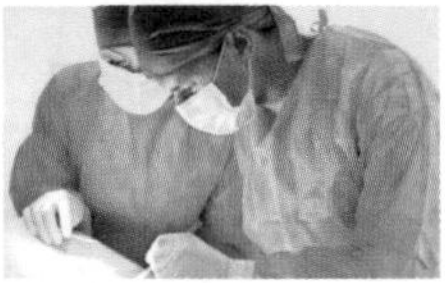

surgeon
جراح
jaraaH

anaesthesiologist	طبيب تخدير	Tabeeb takhdeer
cardiologist	طبيب قلب	Tabeeb qalb
dermatologist	طبيب أمراض جلدية	Tabeeb amraaD jeldeya
neurologist	طبيب أمراض عصبية	Tabeeb amraaD 'aSabeya
oncologist	طبيب أورام	Tabeeb awraam
psychiatrist	طبيب نفسي	Tabeeb nafsey
radiologist	أخصائي الأشعة	akheSaa'ey al-ashe'a

to feel good
يشعر بحالة جيدة
yash'ur be-Haala jayeda

to catch a cold
يصاب بالبرد
yuSaab bel-bard

to have a cold
يعاني من البرد
yu'aaney men al-bard

to sneeze
يعطس
ya'Tas

to cough
يسعل
yas'ul

to blow your nose
يتمخط
yatamakhaT

to feel sick
يشعر بالمرض
yash'ur bel-maraD

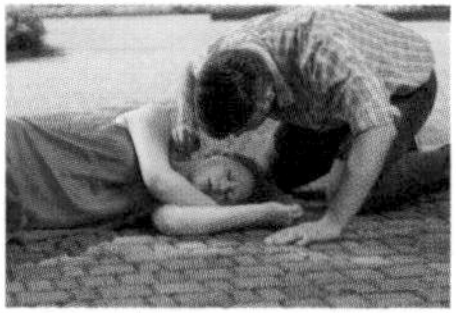

to faint
يغمي عليه
yughmaa 'aleeh

to pass out
يفقد الوعي
yafqed al-wa'ay

to be tired
متعب
mut'ab

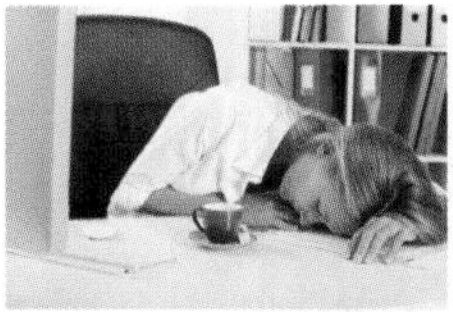

to be exhausted
يكون مرهقا
yakoon murhaqan

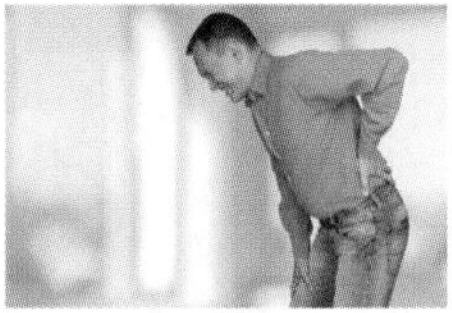

to have back pain
يعاني ألما في الظهر
yu'aaney alman fee al-Zahr

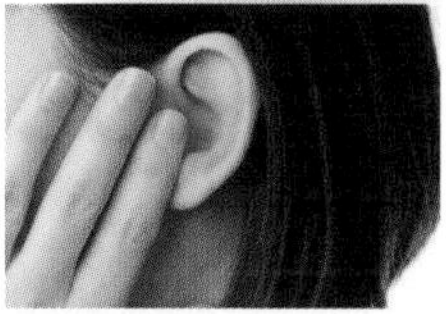

to have earache
يعاني ألما في الأذن
yu'aaney alman fee al-udhun

to have a headache
يعاني من الصداع
yu'aaney men aS-Sudaa'

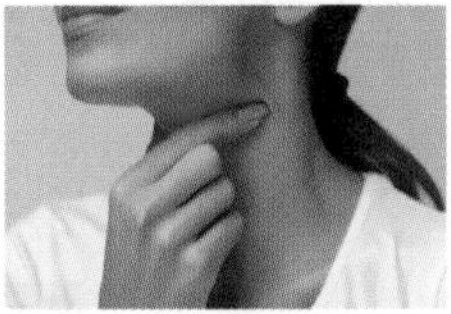

to have a sore throat
يصاب بإلتهاب في الحلق
yuSaab be-iltehaab fee al-Halq

to have toothache
يصاب بألم في الأسنان
yuSaab be-alam fee al-asnaan

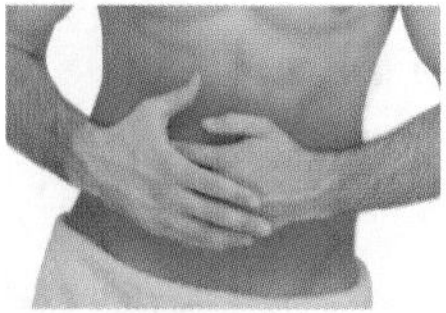

to have a stomach ache
يصاب بمغص في المعدة
yuSaab be-maghaS fee al-ma'eda

to have a temperature
يعاني من ارتفاع الحرارة
yu'aaney men irtifa'a al-harara

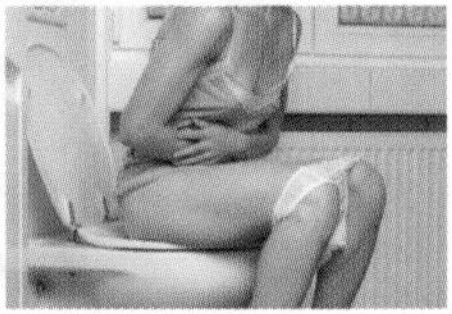

to have diarrhoea
يصاب بالإسهال
yuSaab bel-ishaal

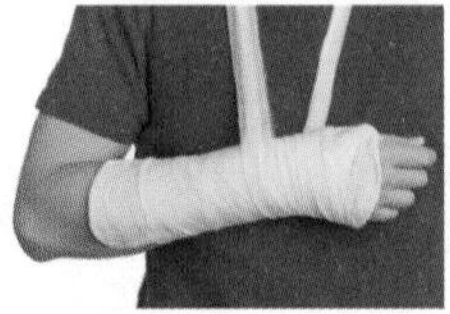

to break an arm
يكسر ذراعا
yaksar dheraa'aan

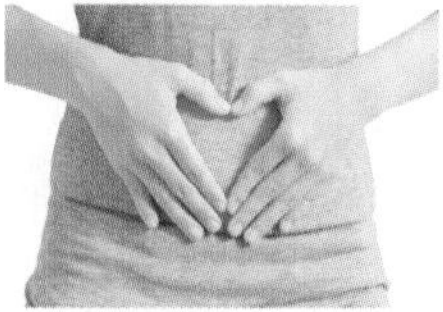

to be constipated
يصاب بالإمساك
yuSaab bel-imsaak

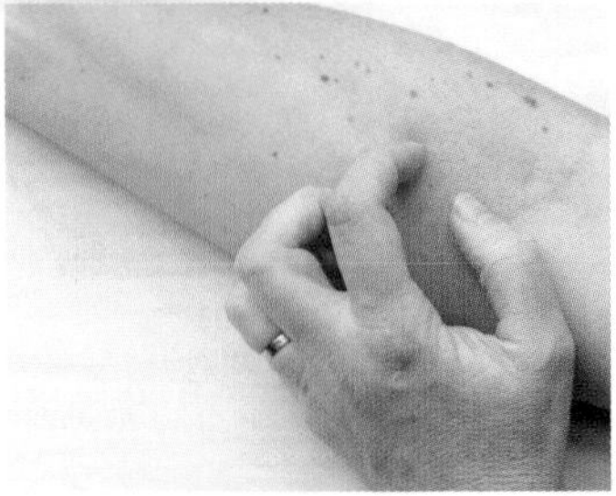

to have a rash
يعاني طفح جلدي
yu'aaney TafH jeldee

to be allergic to
يعاني حساسية من
yu'aaney Hasaaseya men

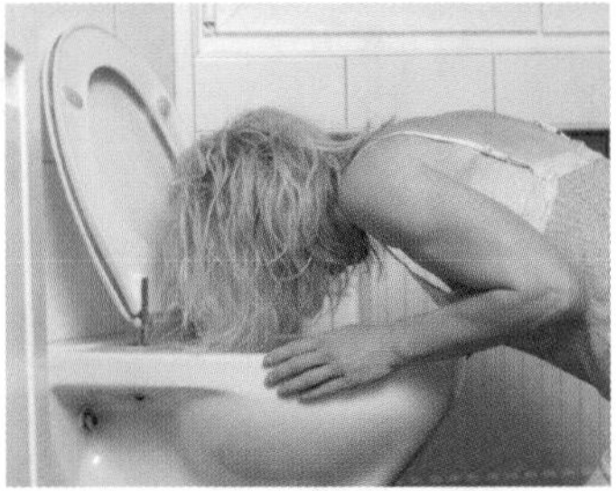

to vomit
يتقيأ
yataqaya'

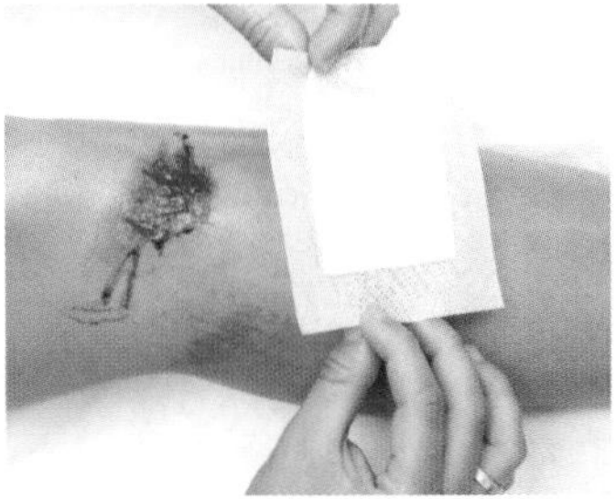

to hurt
يجرح
yajraH

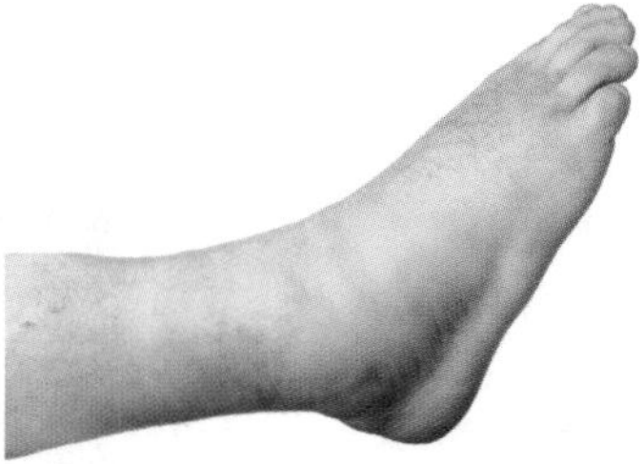

to swell
يتورم
yatawaram

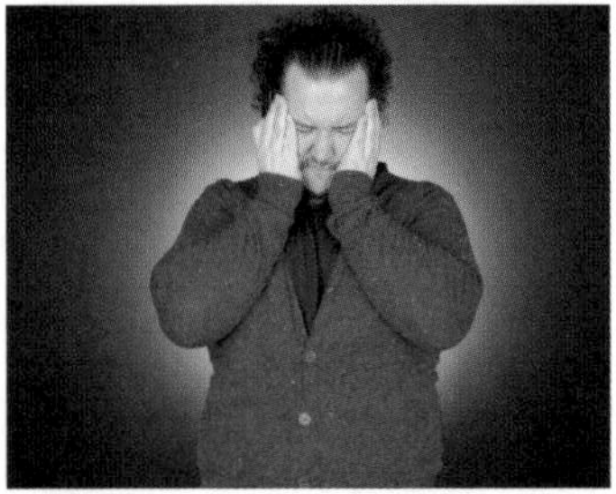

to suffer from
يعاني من
yu'aaney men

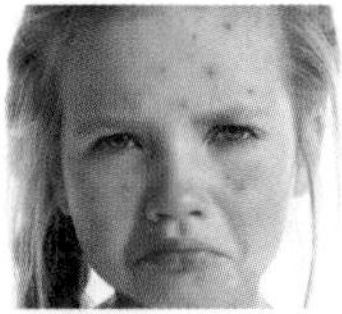

chicken pox
جدري الماء
judarey al-maa'

runny nose
رشح الأنف
rashH al-anf

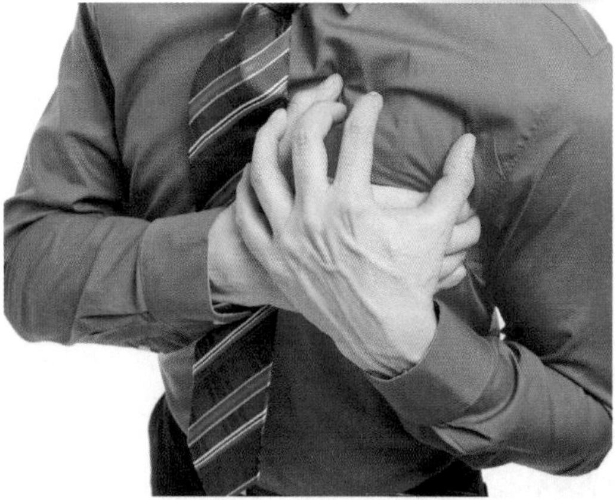

cough
سعال
su'aal

diarrhoea
إسهال
ishaal

heart attack
أزمة قلبية
azma qalbeya

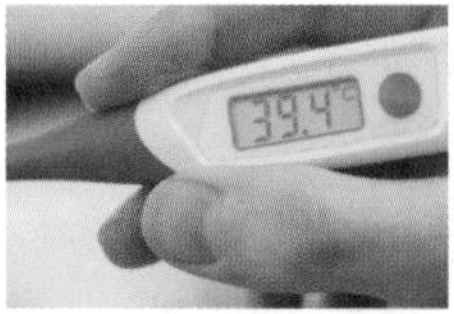

fever
حمي
Humaa

headache
صداع
Sudaa'

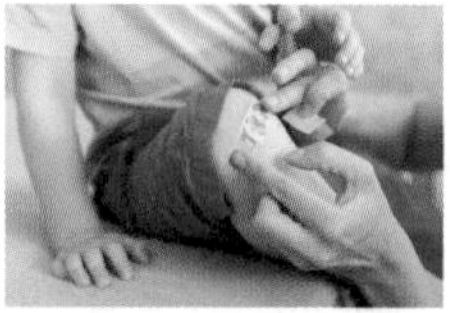

injury
إصابة
iSaaba

sore throat
إلتهاب الحلق
iltehaab al-Halq

asthma
ربو
rabo

flu
انفلونزا
infelwanzaa

health
صحة
SeHa

hepatitis
إلتهاب الكبد
iltehaab al-kabed

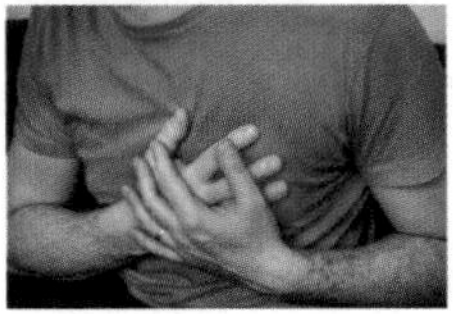

heart disease
مرض القلب
maraD al-qalb

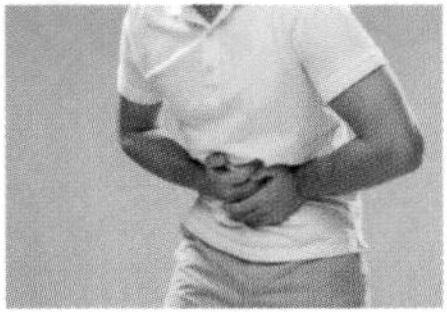

stomach ache
مغص
maghaS

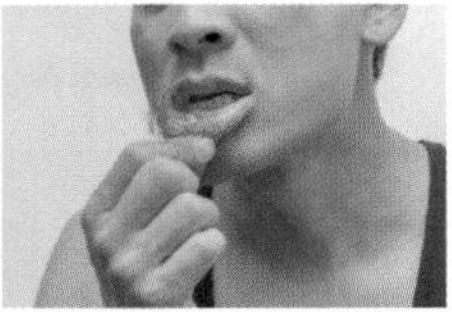

mouth ulcer
قرحة الفم
qurHat al-fam

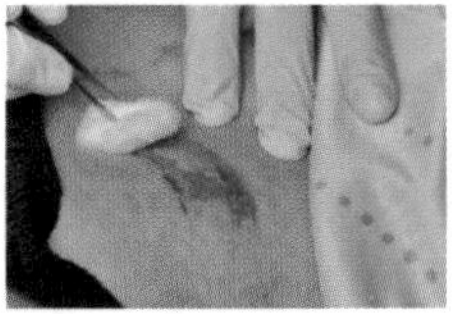

wound
جرح
jurH

common cold	زكام	zukaam
fracture	كسر	kasr
illness	مرض	maraD
mumps	نكاف	nukaaf

pain	ألم	alam
painful	مؤلم	mu'lem
painless	بدون ألم	be-doon alam
to be ill	يكون مريض	yakoon mareeD

emergency number
رقم الطوارئ
raqam aT-Tawaare'

firefighter
رجل إطفاء
rajul iTfaa'

policeman
رجل شرطة
rajul shurTa

fire engine
سيارة إطفاء
sayaarat iTfaa'

police car
سيارة شرطة
sayaarat shurTah

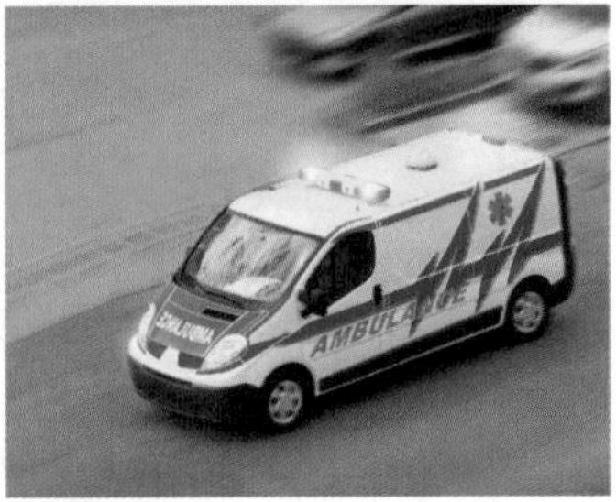

ambulance
سيارة إسعاف
sayaarat is'aaf

accident
حادث
Haadeth

paramedics
مسعفين
mus'efeen

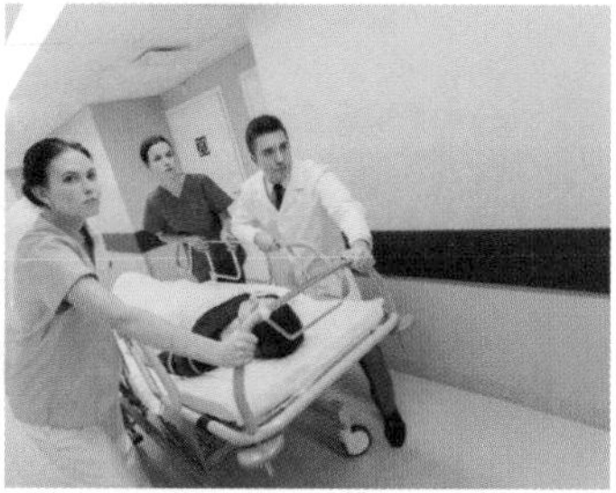

emergency
حالة طوارئ
Halat Tawaare'

fire
حريق
Hareeq

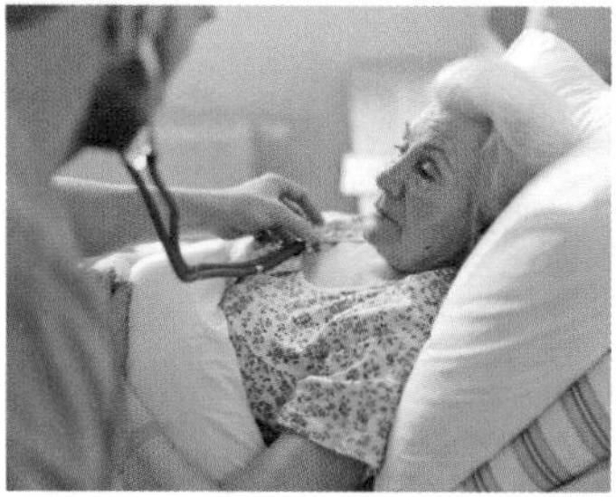

patient
مريض
mareeD

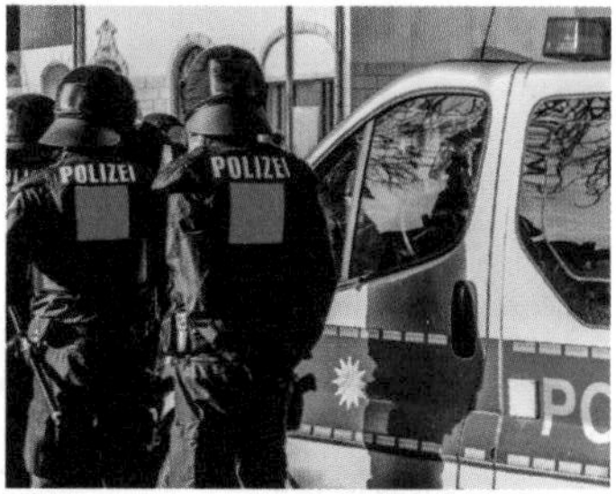

police
شرطة
shurTa

SPORTS

badminton racket
تنس الريشة
tenes ar-reesha

ball
كرة
kura

baseball
كرة بيسبول
kurat beesbool

bicycle
دراجة
daraaja

bowling ball
كرة البولنج
kurat al-boolenj

cap
غطاء الرأس
gheTaa' ar-ra's

football
كرة القدم
kurat al-qadam

glove
قفاز
qufaaz

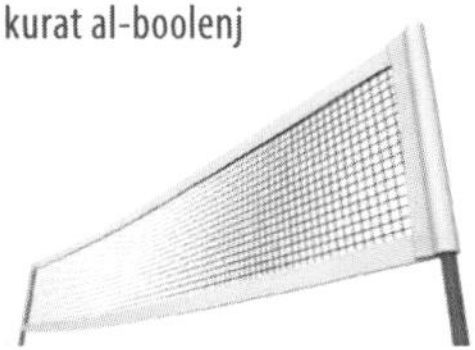

net
شبكة
shabaka

goggles
نظارات واقية
naZaarat waaqeya

golf ball
كرة الجولف
kurat jolf

helmet
خوذة
khawdha

goal
هدف
Hadaf

lane
مسار
masaar

hockey puck
قرص الهوكي
qurS al-hokey

hockey stick
عصا الهوكي
'aSaa al-hokey

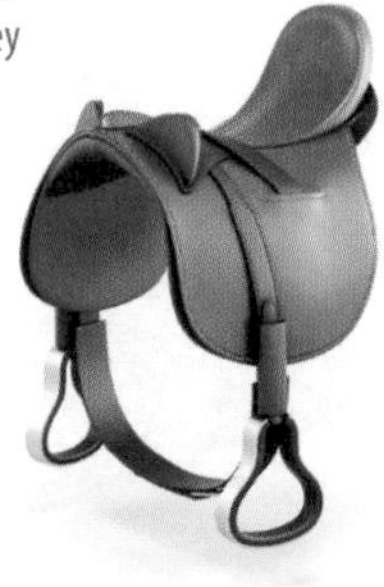

saddle
سرج
serj

ice-skates
حذاء التزلج
hedhaa at-tazaluj

skates
زلاجات
zalaajaat

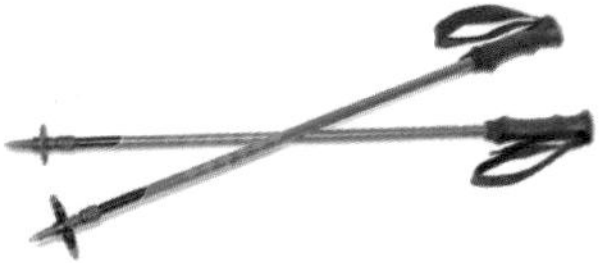

ski poles
أعمدة تزلج
a'medah tazaluj

snowboard
لوح تزلج
looH tazaluj

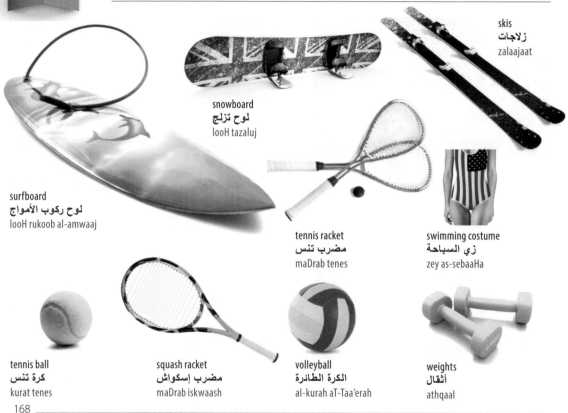

skis
زلاجات
zalaajaat

surfboard
لوح ركوب الأمواج
looH rukoob al-amwaaj

tennis racket
مضرب تنس
maDrab tenes

swimming costume
زي السباحة
zey as-sebaaHa

tennis ball
كرة تنس
kurat tenes

squash racket
مضرب إسكواش
maDrab iskwaash

volleyball
الكرة الطائرة
al-kurah aT-Taa'erah

weights
أثقال
athqaal

baseball
بيسبول
beesbool

bowling
بولنج
boolenj

football
كرة قدم
kurat qadam

hiking
التجوال
At-tujwaal

hockey
هوكي
hookey

running
جري
jarey

cycling
ركوب الدراجات
rukoob ad-daraajaat

horseriding
ركوب الخيل
rukoob al-kheel

skating
التزلج
at-tazaluj

skiing
التزحلق
at-tazaHluq

swimming
السباحة
As-sebaaHa

tennis
التنس
At-tenes

volleyball
الكرة الطائرة
al-kurah aT-Taa'era

weightlifting
رفع الأثقال
raf' al-athqaal

basketball court
ملعب كرة السلة
mal'ab kurat as-sala

boxing ring
حلبة الملاكمة
Halabat al-mulaakama

fitness centre
مركز اللياقة
markaz al-leyaaqa

football pitch
ملعب كرة قدم
mal'ab kurat qadam

golf course
ملعب جولف
mal'ab jolf

football ground
ملعب كرة قدم
mal'ab kurat qadam

golf club
نادي الجولف
naadey jolf

gym
صالة الألعاب الرياضية
Saalah al-al'aab ar-reyaaDeya

playground
ملعب
mal'ab

racecourse
حلبة سباق
Halabat sebaaq

race track
مضمار السباق
meDmaar as-sebaaq

recreation area
منطقة ترفيه
manTeqa tarfeeh

skating rink
حلقة التزلج
Halaqat at-tazaluj

sports ground
ملعب رياضة
mal'ab reyaaDa

stadium
استاد
istaad

swimming pool
حوض سباحة
Hawd sebaaHa

tennis club
نادي التنس
naadey at-tenes

tennis court
ملعب تنس
mal'ab tenes

NATURE

landscape
منظر طبيعي
manzar Tabee'ey

bay
خليج
khaleej

beach
شاطئ
shaaTe'

cave
كهف
kahf

creek
جدول مائي
Jadwal maa'ee

desert
صحراء
SaHaraa'

earth
أرض
arD

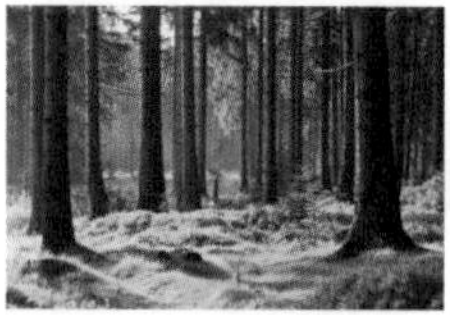

forest
غابة
ghaaba

woods
غابة
ghaaba

hill
تلة
tallah

island
جزيرة
jazeera

lake
بحيرة
buHeera

mountain
جبل
jabal

ocean
محيط
muHeeT

peak
قمة
qema

plain
سهل
sahl

pond
بركة
berka

river
نهر
nahr

sea
بحر
baHr

stream
مجرى
majraa

swamp
مستنقع
mustanqa'

valley
وادي
waadey

waterfall
شلال
shalaal

weather
طقس
Taqs

What's the weather like?	كيف حال الطقس؟	kayef Haal al-Taqs?
What's the forecast for tomorrow?	ما هي توقعات حالة الطقس غدا؟	ma heya tawaqu'aat Halat al-Taqs ghadan?

blizzard
عاصفة ثلجية
'aaSefa thaljeya

cold
برد
bard

drizzle
رذاذ
radhaadh

flood
فيضان
fayaDaan

frost
صقيع
Saqee'

humidity
رطوبة
ruTooba

Celsius
درجة مئوية
daraja me'aweya

cyclone
إعصار حلزوني
i'Saar Halazooney

dry
جاف
jaaf

fog
ضباب
Dabaab

hail
برَد
barad

hurricane
إعصار إستوائي
i'Saar istewaa'ey

cloud
سحابة
saHaaba

degree
درجة
daraja

dry season
موسم جاف
moosem jaaf

forecast
تنبؤ
tanabo'

heat
حرارة
Haraara

ice
جليد
jaleed

cloudy
غائم
ghaa'em

dew
ندى
nadaa

Fahrenheit
فهرنهايت
fehrenhayet

freeze
تجمد
tajammud

hot
ساخن
saakhen

lightning
برق
barq

rain
مطر
maTar

rainstorm
عاصفة ممطرة
'aaSefa mumTera

rainbow
قوس قزح
qoos quzaH

rainy
ممطر
mumTer

rainy season
موسم ممطر
moosem mumTer

sleet
مطر ثلجي
maTar thaljey

snow
ثلج
thalj

snowstorm
عاصفة ثلجية
'aaSefa thaljeya

snowy
ثلجي
thaljey

storm
عاصفة
'aaSefa

sun
شمس
shams

sunny
مشمس
mushmes

temperature
درجة حرارة
daraja Haraarara

thunder
رعد
ra'd

thunderstorm
عاصفة رعدية
'aaSefa ra'deya

tornado
إعصار دوامي
i'Saar dawaamey

tsunami
تسونامي
tesoonaamey

typhoon
إعصار مداري
i'Saar madaarey

warm
دافئ
daafee'

wind
رياح
reyaaH

windy
عاصف
'aaSef

pet owner
صاحب الحيوان الأليف
SaaHeb al-Haywaan al-aleef

aquarium
حوض سمك
HooD samak

cage
قفص
qafaS

canary
كناريا
kaanaarya

bird
طائر
Taa'er

dog
كلب
kalb

pet shop
متجر الحيوانات الأليفة
matjar al-Haywaanaat al-aleefa

fish
سمك
samak

cat
قط
qeT

gecko
برص
burS

hamster
همستر
hamster

guinea pig
خنزير غينيا
Khenzeer gheneya

lizard
سحلية
seHleya

rabbit
أرنب
arnab

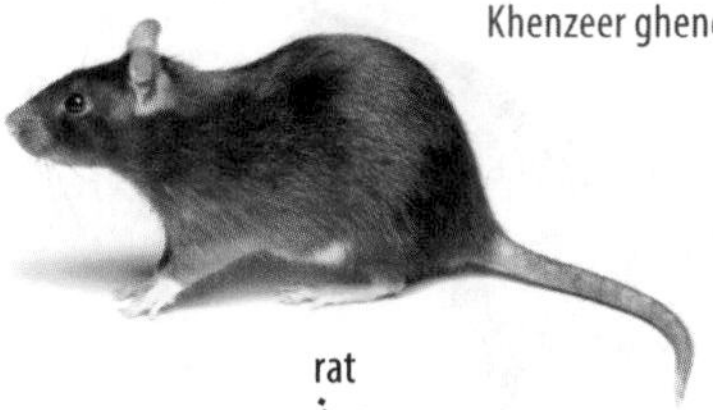

rat
جرذ
jerdh

mouse
فأر
fa'r

parrot
ببغاء
babaghaa'

snake
أفعي
af'aa

spider
عنكبوت
'ankaboot

cow
بقرة
baqara

chicken
دجاجة
dajaaja

donkey
حمار
Hemaar

goose
إوزة
iwaza

goat
عنزة
'anza

horse
حصان
HeSaan

duck
بطة
baTa

sheep
خروف
foorahk

rabbit
أرنب
arnab

pig
خنزير
khenzeer

turkey
ديك رومي
deek roomey

giraffe
زرافة
zaraafa

elephant
فيل
feel

jaguar
جاكوار
jaakwaar

tiger
ببر
babar

lion
أسد
asad

leopard
نمر
nemr

puma
فهد
fahd

hippopotamus
فرس نهر
faras nahr

monkey
قرد
qerd

chimpanzee
شامبانزي
shaambaanzey

ostrich
نعامة
na'aama

rhinoceros
كركدن
karkadan

armadillo
المدرع
al-mudara'

sloth
الكسلان
al-kaslaan

iguana
إجوانا
ijwaana

kangaroo
كنغر
kunghur

bear
دب
dub

zebra
حمار وحشي
Humaar waHshey

hyena
ضبع
Zab'

seal
فقمة
faqma

gazelle
غزال
ghazaal

antelope
ظبي
Zabey

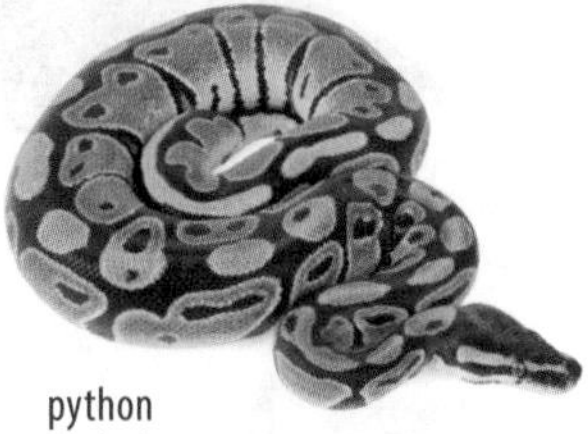

python
الحفاث
al-Haffath

water buffalo
جاموس الماء
jaamoos al-maa'

boar
خنزير بري
khenzeer barey

cobra
كوبرا
koobra

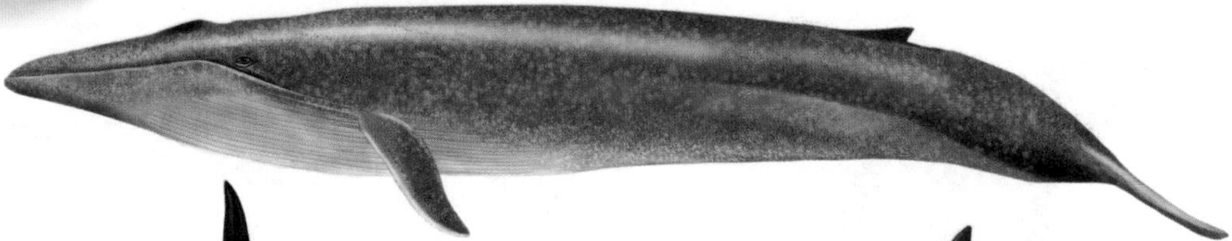

whale
حوت
Hoot

killer whale
حوت قاتل
Hoot qaatel

shark
قرش
qersh

turtle
سلحفاة
sulHufa

dolphin
دولفين
doolfeen

crocodile
تمساح
temsaaH

SHOPPING AND SERVICES

food market
متجر الأغذية
matjar al-aghdiya

bazaar
بازار
baazaar

bookshop
مكتبة
maktaba

computer shop
متجر كمبيوتر
matjar kumbeuter

corner shop
متجر الزاوية
matjar az-zaweya

farmers' market
سوق المزارعين
sooq al-muzaare'een

flea market
سوق الاشياء المستعملة
sooq al-ashyaa' al-musta'mala

flower market
سوق الأزهار
sooq al-azhaar

bakery
مخبز
makhbaz

fruit stall
كشك الفاكهة
kushk al-faakeha

market
سوق
sooq

newsagent
بائع صحف
baa'e' SuHuf

shoe shop
متجر أحذية
matjar aHdheya

street vendor
بائع متجول
baa'e' mutajawel

supermarket
سوبرماركت
subermaarket

department store	متجر متعدد الأقسام	matjar muta'aded al-aqsaam
grocery store	محل بقالة	maHel beqaala
shopping centre	مركز تسوق	markaz tasawuk

sale
تخفيضات
takhfeeDaat

checkout / till checkout
الدفع / خزينة الدفع
ad-daf'/ khazeenat ad-daf'

conveyor belt
سير ناقل
Seer naaqel

customer
عميل
'ameel

price
سعر
se'r

queue
طابور
Taaboor

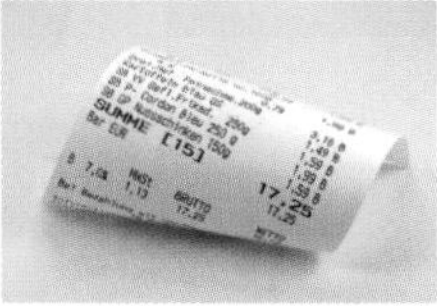

receipt
إيصال
ieSaal

cashier
محاسب
Muhasib

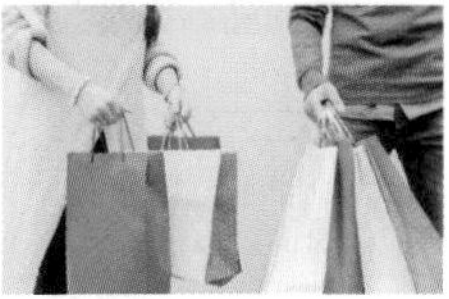

shopping bag
حقيبة التسوق
Haqeebat al-tasawuk

shopping list
قائمة التسوق
qaa'emat al-tasawuk

shopping basket
سلة التسوق
salat al-tasawuk

trolley
عربة
'araba

bill for	فاتورة ل	faatoorah lee
Can I help you?	أيمكنني مساعدتك؟	a-yumkenuney musaa'adatak?
goods	بضائع	baDaa'e'
shopper	مشتري	mushtarey
to cost	يتكلف	yatakalf
to get a great bargain	يحصل على صفقة رائعة	yaHSul 'alaa Safqaa raa'e'a
to purchase	يشتري	yashtarey
to queue	ينتظر الدور	yantaZer al-door

belt
حزام
Hezaam

boots
حذاء طويل الرقبة
Hedhaa' Taweel ar-raqaba

coat
معطف
me'Taf

raincoat
معطف مطر
me'Taf maTar

gloves
قفازات
qufaazaat

hat
قبعة
quba'a

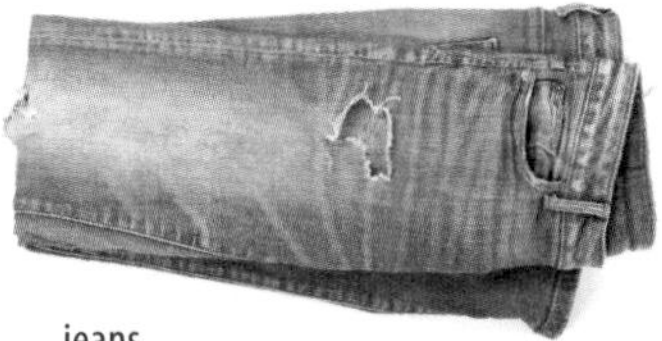

jeans
جينز
jeenz

pyjamas
لباس نوم
lebaas noom

jacket
سترة
sutra

shoes
حذاء
Hedhaa'

jumper
كنزة
kenza

scarf
وشاح
weshaaH

underwear
ملابس داخلية
malaabes daakheleya

tie
ربطة عنق
rabtat 'unuq

sweatshirt
قميص ثقيل
qameeS thaqeel

briefs
سراويل داخلية
saraaweel daakheleya

shirt
قميص
qameeS

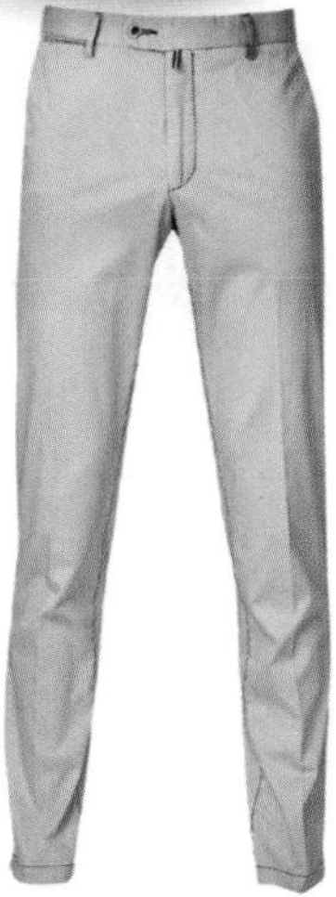

trousers
بنطال
benTaal

t-shirt
تي شيرت
teesheert

socks
جورب
jawrab

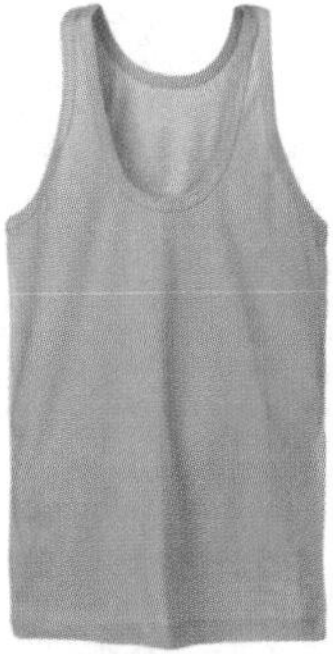

undershirt
فانلة داخلية
faanela daakheleya

slippers
شبشب
shebsheb

suit
بدلة
badla

He has a hat on.	هو يرتدي قبعة.	huwa yartadey quba'a
These briefs are the right size.	مقاس هذه السراويل الداخلية مناسب.	maqaas hadhehe as-saraaweel ad-daakheleya munaaseb
What did he have on?	ماذا كنت ترتدي؟	madhaa kunta tartadey?
I want these boxer shorts in a size 42.	أريد قياس 24 من هذا السروال.	ureed qiyas 42 men hadha as-surwaal.

jacket
سترة
sutra

boots
حذاء طويل الرقبة
Hedhaa' Taweel ar-raqaba

raincoat
معطف مطر
me'Taf maTar

gloves
قفازات
qufaazaat

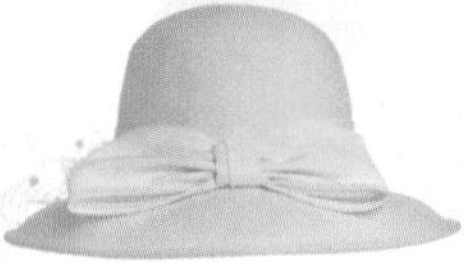

hat
قبعة
quba'a

coat
معطف
me'Taf

jeans
جينز
jeenz

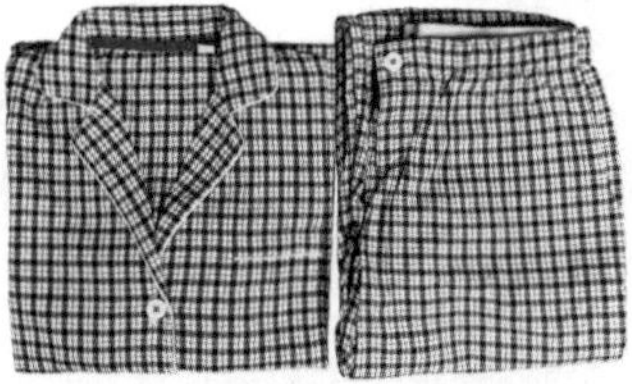

pyjamas
لباس نوم
lebaas noom

belt
حزام
Hezaam

dress
فستان
fustaan

scarf
وشاح
weshaaH

jumper
كنزة
kenza

pants
سروال داخلي
serwaal daakheley

skirt
تنورة
tanoora

shoes
حذاء
Hedhaa'

sweatshirt
قميص ثقيل
qameeS thaqeel

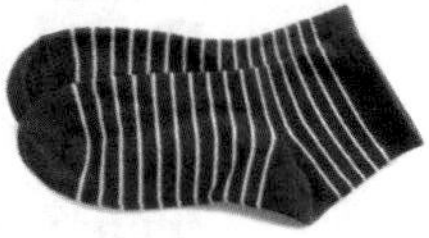

socks
جورب
shaarab

shirt
قميص
qameeS

t-shirt
تي شيرت
teesheert

stockings
جوارب نسائية
jawaareb nesaa'eya

slacks
بنطال
benTaal

suit
بدلة
badla

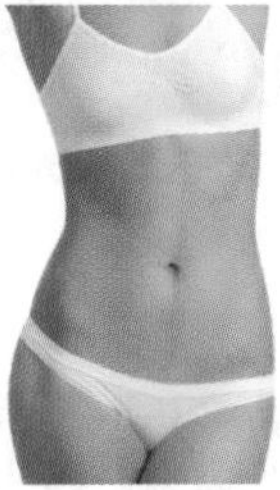

underwear
ملابس داخلية
Malaabes daakheleya

trousers
بنطال
benTaal

bra
حمالة صدر
Hamaalat Sadr

slippers
شبشب
shebsheb

She has a hat on.	هي ترتدي قبعة	Hiya tartadey quba'a
The dress looks nice on you.	الفستان يبدو لطيفا عليكِ.	al-fustaan yabdoo laTeefan 'alayke
What did she have on?	ماذا كانت ترتدي؟	madhaa kaanat tartadey?
I want these boots in a size 38.	أريد مقاس 83 من هذا الحذاء.	oreed maqaas 38 men hadha al-Hedhaa'

car repair shop
ورشة تصليح سيارات
warshat taSleeH sayaaraat

barber shop
صالون حلاقة
Saaloon Helaaqa

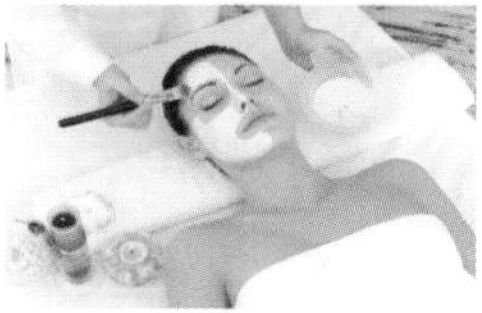

beauty salon
صالون تجميل
Saaloon tajmeel

bicycle repair shop
ورشة تصليح دراجات
warshat taSleeH daraajaat

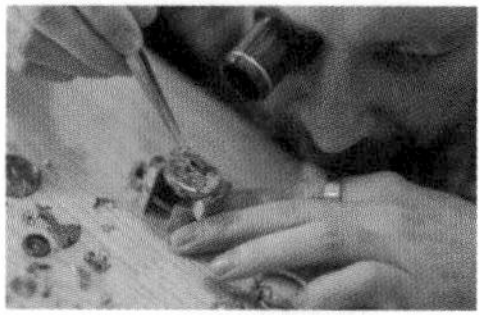

watchmaker
ساعاتي
saa'aatey

laundromat
مغسلة تعمل بالعملة
maghsala ta'mal bel-'umla

laundry
مصبغة
misbagha

locksmiths
أقفال
aqfaal

petrol station
محطة وقود
maHaTah waqood

CULTURE AND MEDIA

blog
مدونة
mudawana

to broadcast
يبث
yabeth

magazine
مجلة
majala

newspaper
صحيفة
SaHeefa

radio
راديو
raadyoo

television
تلفاز
telfaaz

news broadcast
نشرة الأخبار
nashrat al-akhbaar

weather forecast
النشرة الجوية
al-nashra al-jaweya

blogosphere	مدونات	mudawanaat
mass media	وسائل الاعلام	wasaa'el al-i'laam
news	الأخبار	al-khbaar
press	صحافة	SaHaafa
tabloid	صحيفة شعبية	SaHeefa sha'beya
programme	برنامج	bernamej
soap	مسلسل طويل	musalsal taweel
drama	دراما	deraamaa
series	مسلسل	musalsal
film	فيلم	feelm
documentary	فيلم وثائقي	feelm wathaa'eqey
music programme	برنامج موسيقي	bernamej mooseeqey
sports programme	برنامج رياضي	bernamej reyaaDey
talk show	برنامج حواري	bernamej Hewaarey
episode	حلقة	Halaqa
business news	أخبار الأعمال	akhbaar al-a'maal
sports report	تقرير رياضي	taqreer reyaDee
book review	مراجعة كتاب	muraaja'at ketaab
ad / advertisement	اعلان	i'laan

message
رسالة
resaala

address / URL
عنوان
'enwaan

application / app
تطبيق
taTbeeq

network
شبكة
shabaka

inbox	صندوق الوارد	Sandooq al-wareed
IP address	عنوان أي بي	'enwaan ay bee
internet	انترنت	internet
website	موقع إليكتروني	mawqe' ilektrooney
mail	بريد	bareed
search engine	محرك البحث	muHarek al-baHth
to search	يبحث	yabHath
to share	يشارك	yushaarek
to log in	يسجل دخول	yusajel dukhoo

to send
يرسل
yursel

login
تسجيل الدخول
tasjeel al-dukhool

to log out
تسجيل الخروج
tasjeel al-khurooj

to upload	يرفع	yarfa'
to download	يحمل	yuHammel
to tag	يضع علامة	yaDa''alaama
to comment	يعلق	yu'aleq
to publish	ينشر	yanshur
to contact	يتصل	yataSel
to receive	يستقبل	yastaqbel
to add	يضيف	yuDeef

link
يربط
yarbeT

CD
قرص مضغوط
kurS maDghooT

CD-ROM
محرك الأقراص المضغوطة
muHarek al-aqraaS
al-madghooTa

DVD
اسطوانة
isTwana

mouse
فأرة
fa'ra

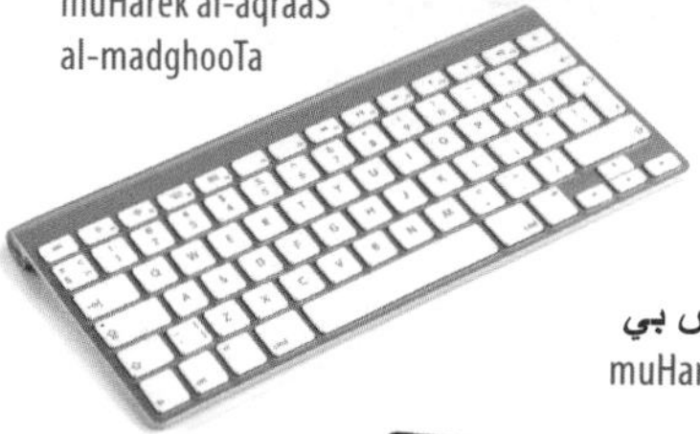

keyboard
لوحة مفاتيح
lawHat mafaateeH

USB flash drive
محرك فلاش يو إس بي
muHarek felaash yo es be

laptop
كمبيوتر محمول
kumbeutar maHmool

modem
مودم
modem

monitor
شاشة
shaasha

router
جهاز توجيه
jeHaz tawjeeh

tablet
جهاز لوحي
jehaaz lawHee

printer
طابعة
Taabe'a

scanner
ماسح ضوئي
maseH Daw'ey

to copy	ينسخ	yansakh
to delete	يحذف	yahthef
desktop	سطح المكتب	sath al-maktab
file	ملف	malaf
folder	مجلد	mujalad
offline	غير متصل على الانترنت	gheer mutaSel 'alaa al-internet
online	متصل على الانترنت	mutaSel 'alaa al-internet
password	كلمة مرور	Kalemat muroor

to print	يطبع	yaTba'
to save	يحفظ	yaHfaZ
to scan	يمسح ضوئيا	yamsaH Daw'eyan
screenshot	لقطة شاشة	laqTah shaasha
server	جهاز خادم	jeHaz khaadem
software	برمجيات	barmajeyat
to undo	يتراجع	yataraaja'
virus	فيروس	fayroos

at
إشارة عند
isharat inda

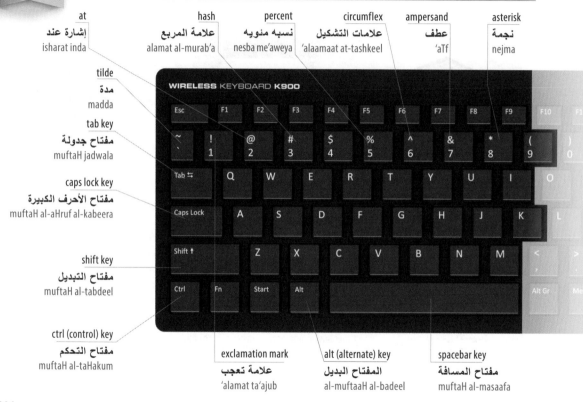

hash
علامة المربع
alamat al-murab'a

percent
نسبه مئويه
nesba me'aweya

circumflex
علامات التشكيل
'alaamaat at-tashkeel

ampersand
عطف
'aTf

asterisk
نجمة
nejma

tilde
مدة
madda

tab key
مفتاح جدولة
muftaH jadwala

caps lock key
مفتاح الأحرف الكبيرة
muftaH al-aHruf al-kabeera

shift key
مفتاح التبديل
muftaH al-tabdeel

ctrl (control) key
مفتاح التحكم
muftaH al-taHakum

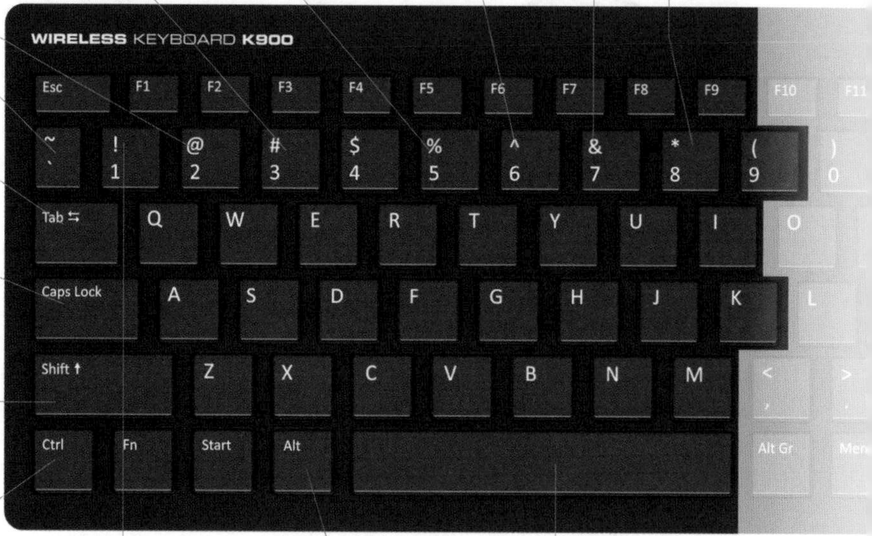

exclamation mark
علامة تعجب
'alamat ta'ajub

alt (alternate) key
المفتاح البديل
al-muftaaH al-badeel

spacebar key
مفتاح المسافة
muftaH al-masaafa

minus / dash
طرح \ شرطة
tarh / sharta

plus
جمع
Ja'ma

equal
يساوي
yusaawee

colon
علامة النقطتين
'alaama al-nuqTateen

semicolon
فاصلة منقوطة
faaSela manqooTa

dot / full stop
نقطة
nuqTa

question mark
علامة إستفهام
alaama istefhaam

enter key
زر الإدخال
zer al-idkhaal

forward slash
شرطة مائلة للأمام
sharTa maa'ela lel-amaam

back slash
شرطة مائلة للخلف
sharTa maa'ela lel-khalf

backspace key
مفتاح التراجع
muftaaH at-taraaju'

delete or del key
زر الحذف
zer al-hathf

amusement park
حديقة الملاهي
Hadeeqat al-malahee

aquarium
حوض سمك
HooD samak

art gallery
معرض فنون
Ma'rad funoon

art museum
متحف الفن
mutHaf al-fan

botanical garden
حديقة النباتات
Hadeeqat Hayawanaat

cinema
سينما
senemaa

circus
سيرك
seerk

discotheque
حانة رقص
Haana raqS

trade fair / trade show
معرض تجاري
ma'raD tujaarey

garden
حديقة
Hadeeqa

night club
ملهى ليلي
malhaa laylee

opera house
دار الأوبرا
daar al-uberaa

concert hall
قاعة موسيقى
qaa'at moseeqa

park
حديقة
Hadeeqa

planetarium
قبة فلكية
quba falakeya

science museum
متحف العلوم
matHaf al-'eloom

sights
معالم
ma'aalem

theatre
مسرح
masraH

tourist attraction
جذب سياحي
jadheb seyaHey

water park
حديقة مائية
Hadeeqa maa'eya

zoo
حديقة حيوان
Hadeeqat Hayawaan

accordion
أوكورديون
ukoordeuon

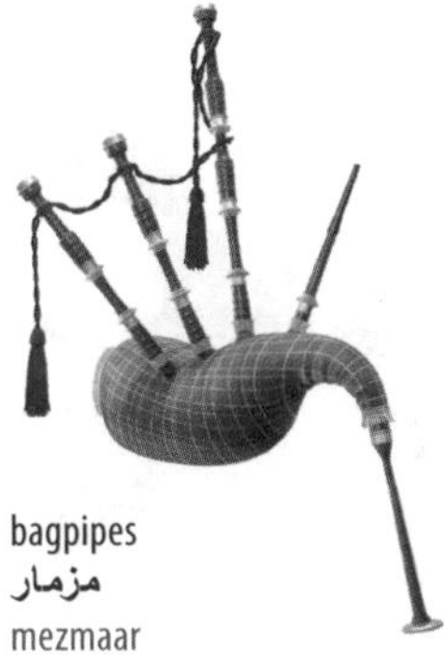

bagpipes
مزمار
mezmaar

castanets
صاجات
Saajaat

cello
تشيلو
teshello

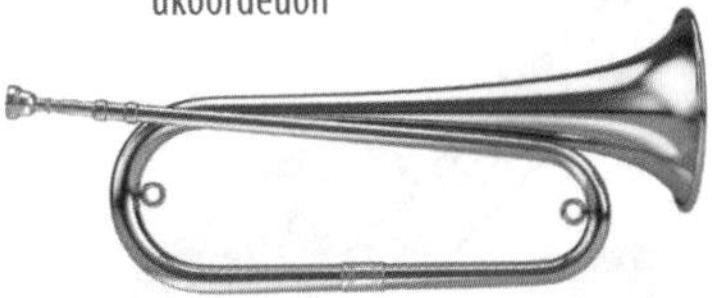

bugle
بوق
booq

banjo
بانجو
baanjoo

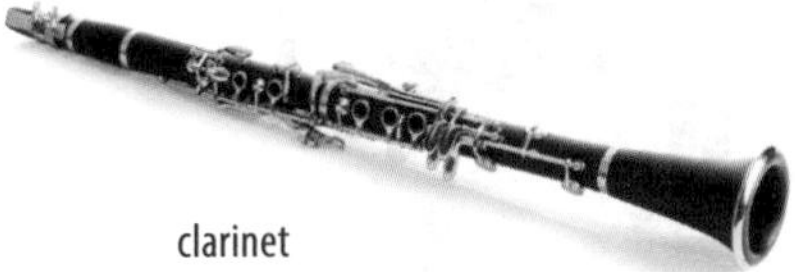

clarinet
كلارنيت
klaareenet

cymbals
صنجات
Sanjaat

drum
طبل
Tabl

electric guitar
جيتار كهربائي
jetaar kahrabaa'ey

drum set
مجموعة طبول
majmoo'at Tubool

flute
فلوت
floot

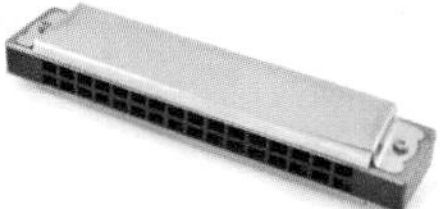

harmonica
هارمونيكا
haarmooneekaa

guitar
جيتار
jetaar

grand piano
بيانو كبير
Beyanoo kebeer

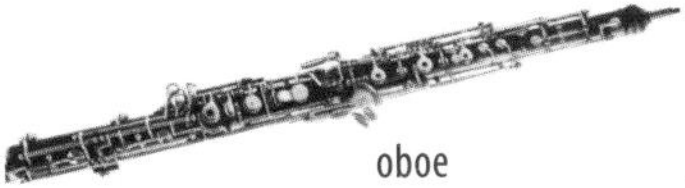

oboe
مزمار
mezmaar

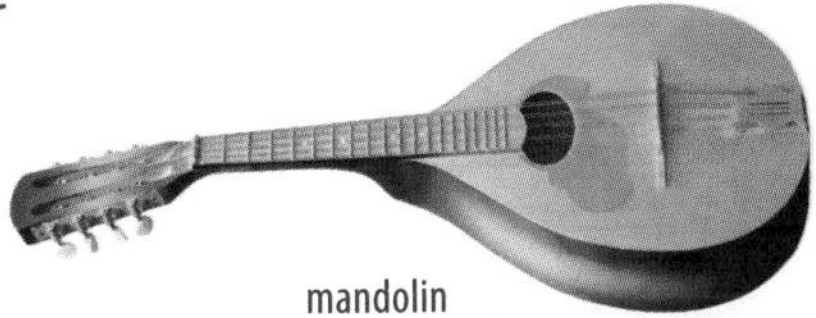

mandolin
ماندولين
maandoleen

harp
قيثارا
qeethaara

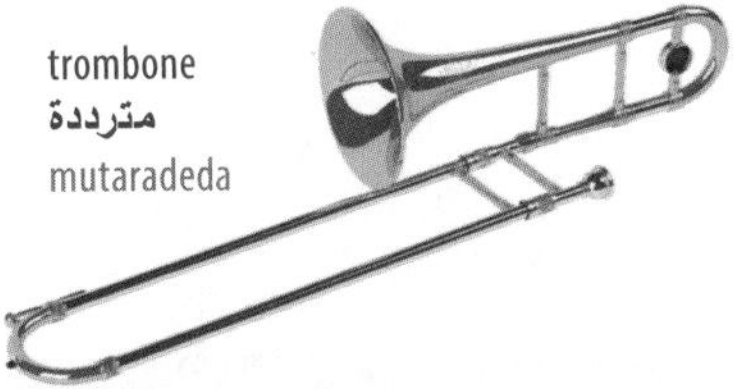

trombone
متردة
mutaradeda

tambourine
دف صغير
daf sagheer

saxophone
ساكسفون
saksfoon

piano
بيانو
beyanoo

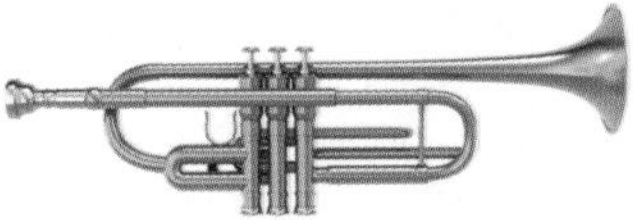

trumpet
بوق
booq

violin
كمان
kaman

Index

C

N

O

T